铁路桥梁施工质量的过程控制

房学先 著

中 国 铁 道 出 版 社

2011 年·北 京

图书在版编目(CIP)数据

铁路桥梁施工质量的过程控制/房学先著. —北京：中国铁道出版社，2010.7(2011.1重印)

ISBN 978-7-113-11592-0

Ⅰ.①铁… Ⅱ.①房… Ⅲ.①铁路桥—桥梁工程—工程质量—质量控制 Ⅳ.①U448.135.1

中国版本图书馆CIP数据核字(2010)第122831号

书　　名：铁路桥梁施工质量的过程控制
作　　者：房学先

责任编辑：徐　艳　　**电话：**010-51873193　　**电子信箱：**xy810@eyou.com
编辑助理：江新照
封面设计：郑春鹏
责任校对：孙　玫
责任印制：李　佳

出版发行：中国铁道出版社(100054,北京市宣武区右安门西街8号)
网　　址：http://www.tdpress.com
印　　刷：北京鑫正大印刷有限公司
版　　次：2010年9月第1版　2011年1月第2次印刷
开　　本：850 mm×1 168 mm　1/32　印张：6.125　字数：153千
书　　号：ISBN 978-7-113-11592-0
定　　价：25.00元

内 容 简 介

基于“施工的质量过程决定质量结果”、“施工质量要在其形成过程中受控合格”的质量管控理念，本书推介的施工质量在过程中管控的践行模式，是以铁路桥涵施工的17个分部工程为“样本”，对其具体的质量管控运作，借助施工工艺流程框图为载体，选择图中关键工序阶段的质量重点，事前提示并出台相应的质量控制措施，以求施工质量在其形成过程中达标合格的质量目标。

本书偏重于实践，能满足设计、施工、监理以及质量监督部门不同的质量取向或需要，也可作为施工质量管理或施工质量技术交底的参考。

序　言

建国60年来，铁路建设取得了辉煌的成就，这不仅为今天和谐铁路的发展奠定了坚实的基础，在建设中积累的丰富经验更是进一步提高建设水平、促进国家经济转型升级的宝贵财富。

提高建设水平首先要保证并提高工程质量，而它的最根本之策在于提高建设队伍的素质，强化施工过程的控制管理。总结并传承这方面的经验不仅会给当今的从业者以直接的参考借鉴，也将给有志于创新的开拓者开启一扇思维之窗。《铁路桥梁施工质量的过程控制》一书是房学先同志从事桥梁施工，探索如何保证并提高工程质量数十年来的点滴积淀和反思总结。房学先同志系原北京铁路局基本建设处副处长、高级工程师，在北京局的工程施工单位桥梁施工现场工作二十余年，后又在工程、基建的主管部门负责工程质量的技术管理工作，曾主管多种桥梁、墩台、基础和顶进式立交顶桥的施工。我国铁路第一座采用集中强大钢丝束预应力钢筋混凝土三跨连续梁桥——北京铁路枢纽十字疏解线通惠河大桥的施工也是由其主管。他主持了京包线妫水河大桥等既有桥梁的整治加固改建施工，参与了大秦铁路秦皇岛引入疏解线几座大桥的架梁，大里营转体施工刚性索铁路斜拉桥以及京山线滦河大桥新桥建设的施工监理工作，积累了丰富的现场施工经验。特别是在工作之余注重点滴的积淀，写实记载了大量珍贵的一线资料，并在实践中勤于学习钻研，不断探究强化施工过程质量控制管理的规律。退休后历经数年，整理汇总累积的资料，总结亲历的经验，汲取失误的教训，结合相关标准、规范，吸纳有关的著述，反思提炼，撰写成书。《铁路桥梁施工质量的过程控制》内容具体翔实，具有较强的针对性，对于预防、整治诸多施工过程中的通病，强化质量关键环节和施工作业质量的控制与管理，都给出了明确具体的提示，这对于桥梁施工的现场主管、项目经理、监理人员以至一线员工都有很好的参考借鉴作用。在铁路建设高潮迭起、规模迅猛扩大的今天，尤其需要加强施工现场的质量控制。创建更多的精品工程既是建设者的追求，也是国人和时代的期盼。培训桥梁施工、监理人员，提高桥梁施工、监理队伍的素质，《铁路桥梁施工质量的过程控制》不失为一本实用的参考教材。希望这本数十年实践与探索的技术总结，对于传承桥梁施工质量控制与管理的经验，提升行业的建设水平，能够发挥积极的推动作用。

冯振九

2009 年 12 月

（原北京铁路局主管基本建设副局长，中国铁道工程建设协会第二届、第三届副理事长）

前　　言

“施工质量形成于施工过程之中、质量过程决定质量结果”是历年质量管控践行的经验总结和基本理念(文中质量专指施工质量)。

欲求质量在施工全过程受控、达标，就必须把质量管控重心向下沉，直至质量形成的始点——施工工序。要从工序劳作的质量合格、达标抓起，并严格始终，以实现预期的质量目标。

对于质量管控的具体操作和践行，书中以桥梁分部工程的施工工艺流程框图为载体，利用图中关键工序提示质量重点出台相应的控制措施以及践后总结等4个层面，以突显质量管控工作的完整循环，即：地点(框图)、问题(提示)、对策(措施)和效果(践后总结)。

一、工艺流程框图和施工质量重点提示

1. 工艺流程框图

组成框图的基本单元是工序，把那些既相对独立、又相互关联的工序，按照施工连续作业和逻辑关系排序组合，通过箭线首尾相连即可构成桥梁分部工程的施工工艺流程框图。

框图把施工的工序内容、工艺流向、关键阶段以及工序转换等施工的全过程串成有机整体，既能展示建设项目的施工过程，又能利用不同工序的时空关系，反映质量重点，这样框图就为施工中潜含的质量重点提供了事前预警提示的载体条件。

2. 施工质量重点提示

提示以直接经验为主、辅以间接经验和质量建议等3种类型。由于提示具有点明重点、事前警示等质量管控的导向作用，因此提示自身的质量、务求其准确中“的”。对于《铁路桥梁工程施工质量验收标准》(TB 10415—2003)(以下简称《验标》)和

《客货共线铁路桥涵工程施工技术指南》(TZ 203—2008)(以下简称《指南》)已有的质量要求和规定，本书一般未予涉及。

(1) 直接经验为主(类型Ⅰ)

提示内容多系亲历的质量经验或质量教训，问题所及均有具体案例和践后总结作支撑。诸如：水下混凝土封底一次封成的工艺要点；杜绝梁跨支座三条腿的支座打砂工艺；混凝土终凝后二次或多次重复震动，对其非旦无害、且有混凝土增强的试验结论；由于擅变设计，导致地道桥在顶进中横向折断的质量教训等。

(2) 间接经验为辅(类型Ⅱ)

对那些与本书施工建设项目条件相近、问题相似的质量经验或教训，均应科学汲取，经验要为我所用、教训则当为我所戒。诸如：桥台托盘遗漏防水嵌入槽导致防水层无处收口；沉井排水产生流砂现象，造成行车线路下沉。再如：桥台椭圆护锥的土法快速放线；不用铁路运输的铁路桥梁架设工艺等。

(3) 建议性的质量提示(类型Ⅲ)

对《验标》中的部分要求或规定，不尽明确、具体或难以实施的条文，根据具体施工案例践后内化的再认识，提出便于掌控和操作的具体建议，供施工参考。诸如：明挖基础持力层应明确原位取样检验的建议；施工工作缝采用等截面强度原则预埋连接件的建议；一般中、小型桩基工程，检验桩的承载力应以间接判断(定)为主，不宜为此专门单搞成桩静载试验的建议等。

二、施工质量控制措施

质量控制措施是专为提示设定的应对举措，其内容均取自经过实践检验并证明是成熟有效的工艺要求，故具较强的针对性。

对于首次触及的新技术、新工艺、新材料和新结构，既没有直接经验又少间接经验，施工难点多、关键难把握，难于编制框图、提示和措施，实践证明采用局部模型试验是有效的应对措施之一，通过实际演练则可趋于主动和自由。

三、践后总结

在框图、提示或措施中涉及某些技术或质量上的概念或常识、经验和教训、工艺和措施、试验和结论以及建议和缘由等，结合建设项目的背景资料，均以践后总结的形式在各分部工程的末尾予以简要说明。诸如：扩大基础持力层及试桩的静载试验方法和体会；现浇连续梁的膺架选择、变形以及撤架时应考虑的技术要素；悬臂式架桥机、桥头压道超重车的组成；顶进式刚架桥设置前刃角和后层墙的建议等。

四、施工质量在过程中管控的践前预评估

一是管控模式借鉴于传统技法，易为工程参建者接受。无论是劳作者、管理者或是领导者，都能从各自不同质量视角洞悉框图的工艺流程、关键工序和质量重点，而提示和措施通过践前的技术交底又为参建群体提供了质量的预想空间和纠错的契机。

二是质量控制措施内容多为建设项目的质量经验和教训的践后总结，在一定程度上能够满足参建各方的质量取向。

三是质量过程的管控模式尚有拓宽应用于施工安全的潜能。

附录Ⅰ《隐蔽工程检查》系根据实践汇总而成供参考。

附录Ⅱ《核图与纠错能力的自我测试》系亲历的质量失误，目的在于强调施工前核图的重要性，曾经的教训供同仁参考。

文中所及由于年代久远加之水平所限，其中失真、失误乃至错误在所难免，尚请前辈、专家和同行指正，以免谬误流传。

房学先

2009 年 10 月

目　录

第一章 梁式桥跨

第一节 工艺流程和施工质量重点提示

梁式桥跨施工工艺流程和质量重点提示如图1—1所示。

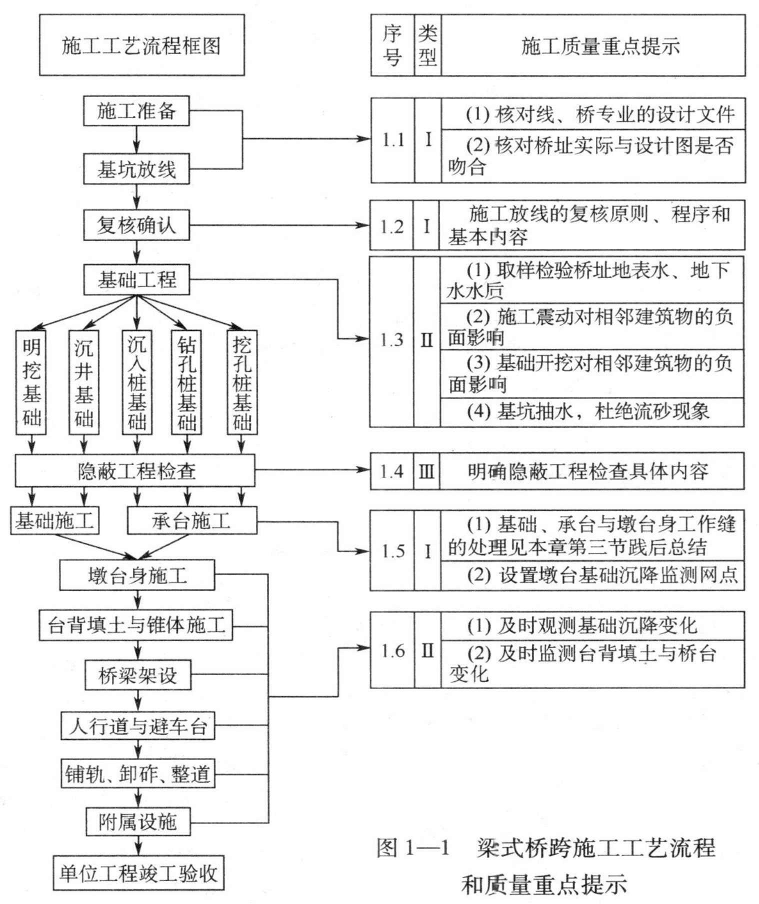

图1—1 梁式桥跨施工工艺流程和质量重点提示

第二节　施工质量控制措施

与图1—1中施工质量重点提示序号、类型所对应的施工质量控制措施如表1—1所示。

表1—1　梁式桥跨施工质量控制措施

序号	类型	提示内容	缘由与说明	控制措施
1.1	Ⅰ	（1）核对线、桥专业的设计文件	施工前，熟读设计文件，消除不同专业间设计上的差错或遗漏	主要核对内容： a. 基底至轨底设计高程 b. 枕下砟厚 c. 轨底至挡墙顶尺寸 d. 梁全长、墩台中心距、梁缝、墩台里程 e. 设计坡度与变坡点高程 f. 桥上安装设备有否设计空间、是否相互干扰
		（2）核对桥址实际与设计图是否吻合	搞清设计和施工间隔期间的相关变化，设计应与桥址的境域现状吻合	主要核对内容： a. 桥跨中心里程、孔径、孔数 b. 地形、高程 c. 界内障碍、种类、数量及业主 d. 桥跨功能与实际需要是否一致
1.2	Ⅰ	施工放线的复核原则、程序和基本内容	施工实践证明：施工技术复核制是杜绝放线错误的制度保证；坚持贯彻技术复核制是质量意识提升、质量行为落实的具体体现	① 复核原则：放线与复核是两种性质不同的技术责任和分工，践行中不能由一个人包办（自测自核）； ② 复核程序：甲提出成果→由乙实测复核→确认无误后双方签字→技术交底→施工作业； ③ 基本内容： a. 中线、高程 b. 测量成果间的联系（闭合或贯通） c. 引桩设置和防护 d. 失效引桩的恢复

续上表

序号	类型	提 示 内 容	缘由与说明	控 制 措 施
1.3	Ⅱ	（1）取样检验桥址地表水、地下水水质	施工前确认桥址处地表水和地下水水质对混凝土或砂浆有无腐蚀性，这对于桥梁下部结构质量至关重要	a. 现场取水样 b. 提出检验委托书（是否腐蚀混凝土或砂浆） c. 送检 d. 委托检验的单位应具相应资质和等级 e. 检验结果若具腐蚀性，则应对混凝土作防腐设计（选用大坝水泥、添加剂、涂料等）
		（2）施工震动对相邻建筑物的负面影响	尽量减小或避免施工机械震动，不要影响相邻建筑物的正常使用和安全	a. 对施工机械震动能量事前应作出评估 b. 对相邻建筑物的负面影响作出科学判断（范围、程度和使用安全） c. 要有应对预案和防范措施
		（3）基坑开挖对相邻建筑物的负面影响	基坑开挖既要保证自身工程质量和安全、又要考虑相邻建筑物的使用安全和质量	a. 基坑开挖、防护和排水方案符合桥址地质和水文实际 b. 事前有施工组织设计指导施工 c. 设监测标志，专人监测地面和建筑物的沉降变化 d. 事前制订监测计划（时间、部位）并严格执行、落实到人
		（4）基坑抽水，杜绝流砂现象	抽水方案取决于桥址处的地质和水文条件，这是选定抽水方案的关键	a. 基坑抽水不能含有过量泥沙 b. 出现流砂现象应立即停止抽水作业 c. 找出原因、采取措施 d. 实践中曾经的严重事故教训当引以为戒

续上表

序号	类型	提示内容	缘由与说明	控制措施
1.4	Ⅲ	明确隐蔽工程检查具体内容	隐蔽工程自检合格，是申请隐蔽工程检查与监理到场检查的前提	a. 隐蔽工程检查的具体内容将在不同桥梁基础施工中明确 b. 隐蔽工程检查内容仅供参考，并应根据工程需要予以增减 c. 若隐蔽工程检查内容有统一规定时，应按规定执行
1.5	Ⅰ	（1）基础、承台与墩台身工作缝的处理	工作缝在结构和构造上均属脆弱点，而此处又往往在施工中被忽视	a.《验标》中对预埋钢筋的规定，在量化标准上不尽科学，实践中亦有折断的实例 b. 建议工作缝按等截面强度原则处理，具体内容见本章第三节践后总结
		（2）设置墩台基础沉降监测网点	监测网点是观测施工沉降的原始标志(零点)	a. 依结构性质(静定或超静定)需要设置网点 b. 监测精度与结构要求匹配 c. 提前制订施工观测办法
1.6	Ⅱ	（1）及时观测基础沉降变化	观测施工中的墩台沉降，是企业质量自控的技术措施，也是对设计的质量检验	a. 及时掌握不同工况的沉降并与设计对比 b. 搞清沉降性质(均匀或非均匀) c. 找出原因(工况不同、荷载变化、地质变化、地耐力与设计取值) d. 质量反馈系统的运作及时、有效
		（2）及时监测台背填土与桥台变化	台背填土后监测桥台的自稳状态，便于提前发现施工或设计的质量问题	a. 台背填土荷载增加，监测桥台有无前倾、后仰、位移和高程变化 b. 严格监测制度、落实到人 c. 发现问题，找出原因，及时反馈，采取措施，减少损失

第三节　践后总结

基础、承台与墩台身工作缝的处理

1962 年初夏北京铁路局辖内锦(州)～承(德)线老牛河突发洪泛，将老牛河大桥锦州方数孔上承钢板梁冲垮断道，洪水过后锦州方十字型轻型桥台倒卧于河床之下，重力式圆形桥墩变位歪斜，钢梁一端则扎入河床如图 1—2 所示，具体尺寸及倾斜度如图 1—3 所示。图 1—4 为水害过后的老牛河大桥照片。

1964 年北京铁路局京广线褡裢支线，章村的一座 5～16 m 钢筋混凝土梁桥洪泛期间被毁，重力式墩台水毁过后不见踪影，钢筋混凝土梁尚见几片倒卧于河床半埋半露。

图 1—2　1#墩水毁后倾斜

水害工程复旧进点后发现：老牛河桥水毁墩台折断断面都在与基础连接处；章村桥虽未见墩台残体，但其扩大基础依然完好并有与墩台连接的痕跡。两座桥水毁原因并非河床冲刷基底，而是由于桥前漂浮物堆积、升高，阻塞水流从而推倒墩台。由

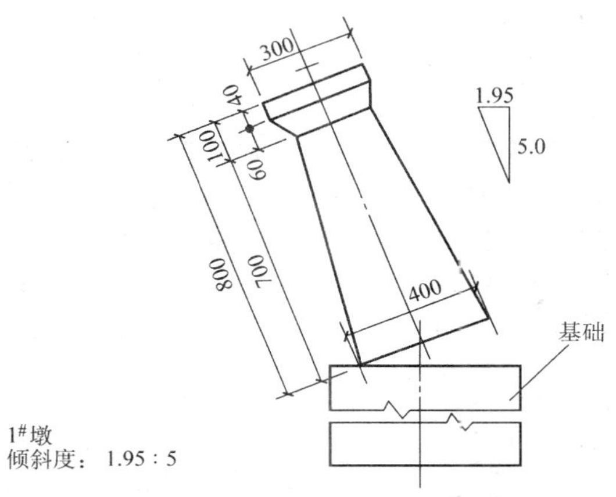

图 1—3　老牛河水毁墩变位倾斜示意图(cm)

此也可证明设计规范对于工作缝性质的准确判断：结构上的弱点、构造上的脆弱截面以及墩台整体性有待加强。水毁过程残酷的场面虽未身临目睹，但其惨状可想而知。

左起：灾后尚存的承德方13#桥台及12# ~6#桥墩等7孔

左起：6#墩及4# ~1#桥墩等6孔（5#墩及锦州方0#桥台均倒入河床之下，片中未见）

左起：4# ~1#桥墩及4孔钢板梁

图1—4 水害过后的老牛河大桥(13孔20 m上承钢板梁)

1. 施工缝的相关规定

(1)《铁路桥涵混凝土和砌体结构设计规范》(TB 10002. 4—2005)的规定

第5. 2. 2条规定，混凝土墩台突变截面及施工缝处，应采取安设接头钢筋等加强措施。

条文说明：墩台构造上的脆弱截面，如施工缝，变截面处等是结构中的弱点，也是应力集中的位置。当混凝土收缩、温度变形、冰冻或受侵蚀影响，往往在这些位置开裂。……水平裂纹大多出现在施工接缝处，因此在设计与施工中应于接缝处采取预埋接头钢筋和接榫等措施，以加强其整体性。

(2)《铁路桥涵设计基本规范》(TB 10002. 1—2005)的规定

第5. 3. 18条规定，受冰压力影响的墩台应符合下列要求：

①~③略

④ 混凝土及片石混凝土的墩台，自基顶到最高流冰顶面以上 1.0 m 处，不应有施工缝。

（读者理解：混凝土墩台构造上的脆弱截面，结构上的弱点）

(3)《验标》的规定

第 8.2.7 条规定，墩台混凝土宜连续浇筑，当分段浇筑时，施工缝必须符合下列规定：

① 混凝土与混凝土之间接缝，周边应预埋直径不小于 16 mm 的钢筋或其他铁件，埋入与露出长度不应小于钢筋直径的 30 倍，间距不应大于直径的 20 倍。

② 略

(4)《指南》的规定

第 6.7.4 条规定，基础与墩台身的施工接缝处理应符合设计要求。当设计无要求时应符合下列规定：

① 略

② 混凝土与混凝土之间接缝，周边应设直径不小于 16 mm 的钢筋，埋入与露出长度不应小于钢筋直径的 30 倍，间距不应大于钢筋直径的 20 倍(设计有连接或护面钢筋时可不另设)。……

③～④略

2.《铁路桥涵混凝土和砌体结构设计规范》(TB 10002.4—2005)、《铁路桥涵设计基本规范》(TB 10002.1—2005)、《验标》和《指南》关于施工缝规定的探讨

(1) 设计规范的规定

① 施工缝的属性：

在构造上墩台施工缝属于脆弱截面，在结构上则属结构中的弱点，同时也是应力集中的位置。

② 处理措施：

为加强墩台结构的整体性，设计规范要求在施工缝处采取预埋钢筋和接榫措施。对于施工缝具有结构和构造双重属性的关键部位，仅有定性的判断和加强措施，没有具体的定性原则和量化标准，给实践中的具体处理造成一定的难度和不确定性。

(2)《验标》和《指南》的规定

为加强墩台施工缝处结构整体性，在构造上仅明确预埋钢筋或铁件的具体(量化)规定，但缺乏定量的原则和标准。

3. 等截面强度原则处理施工缝的提出

（1）缘由

① 本节的水害实例，重力式墩台水毁部位在墩台身与基础之间的施工缝，由此印证设计规范对于施工缝属性的准确判断及其加强的必要性。

② 施工缝的加强措施不宜简单地全部按照构造措施处理，应以墩台所处的地域条件和结构要求，采取符合客观需要的加强措施。

（2）处理原则(混凝土与混凝土接触面)

施工缝的连接原则要以较小连接截面(墩台身)的混凝土极限抗拉强度作为预埋钢筋或铁件的依据，使预埋连接件与连接截面二者的极限强度一致。

等截面强度原则处理施工缝的建议，是基于现状的一种过渡想法或措施，欲从根本上解决施工缝结构整体性的问题，仍有赖于设计规范和《验标》结合工程实际的境域条件作出相应的规定。

4. 关于施工工作缝处理的具体建议

（1）设计规范应明确施工缝的设计原则和标准

具有结构属性的施工缝，依照桥跨的功能和境域条件(河道中的桥墩受水冲、冰撞、船舶冲碰以及公路立交桥桥墩遭受车辆撞击等)、墩台的结构类型(重力式或轻型结构的板式墩)以及其他结构或构造需要等情况，设计规范中应明确其处理原则和标准并提供具有结构属性施工缝的施工设计。

（2）《验标》与《指南》应明确不同属性施工缝的处理原则

对于结构属性的工作缝应明确以施工设计图为准，而构造性的施工缝建议采用等截面强度原则预埋钢筋连接件，并由承建单位具体处理。

5. 实例模拟等截面强度原则处理施工缝

选择前述老牛河桥水害复旧工程圆形混凝土桥墩与沉井基础之间施工缝的连接钢筋计算与对比。

（1）基本数据

重力式混凝土圆形墩，140 号混凝土，墩高 7.52 m，墩底直径 $D=3.70$ m，预埋 $\phi20$ 钢筋，如图 1—5 所示。

（2）预埋连接钢筋计算与对比

混凝土极限抗拉强度、钢筋的抗拉强度分别为 $f_t=1.2$ MPa、$f_y=520$ MPa，均采用当时的技术标准。

① 施工缝连接钢筋计算(图 1—5)。

a. 按等截面强度原则预埋施工缝钢筋

预埋钢筋面积：

$$s = \frac{f_t A}{f_y} = \frac{f_t \pi D^2/4}{f_y} = \frac{1.29 \times 10^7\ \text{N}}{520\ \text{N/mm}^2} = 248.1\ \text{cm}^2$$

式中，A 为墩底混凝土面积。

预埋钢筋根数：

$$n = s/\frac{\pi d^2}{4} = 248.1/\frac{\pi \times 2^2}{4} = 78.9，取 79 根$$

式中，d 为钢筋直径。

预埋钢筋中线圆周长：

$$L = \pi D' = \pi \times 362\ \text{cm} = 1\ 137.26\ \text{cm}$$

预埋钢筋间距：

$$l = \frac{L}{n} = \frac{1\ 137.26\ \text{cm}}{79} = 14.4\ \text{cm}$$

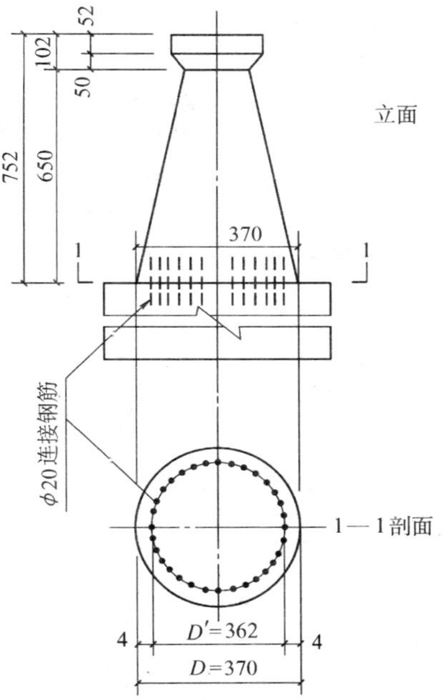

图 1—5　圆形墩墩底与基础预埋钢筋示意图(cm)

b. 按《指南》或《验标》预埋施工缝钢筋《验标》要求，预埋钢筋间距 $l' \ngtr 20d$（d 为钢筋直径）。

$$l' = 20d = 20 \times 2\ \text{cm} = 40\ \text{cm}$$

预埋钢筋根数：

$$n' = L/l' = \pi D'/l' = \pi \times 362/40 = 28.4，取 29 根$$

预埋钢筋极限抗拉强度：

$$f_y \times \frac{\pi d^2}{4} n' = 520 \times \frac{\pi \times 20^2}{4} \times 29 = 4.738 \times 10^6\ \text{N}$$

② 结论

a. 按等截面强度原则需预埋连接钢筋 79 根，为《指南》或《验标》规定数量 29 根的 2.7 倍。

b. 按《指南》或《验标》预埋钢筋数量的极限抗拉强度 4 738 kN 为墩底截面混凝土极限抗拉强度 12 900 kN 的 36.7 %。

第二章　明挖基础

第一节　工艺流程和施工质量重点提示

明挖基础施工工艺流程和质量重点提示如图 2—1 所示。

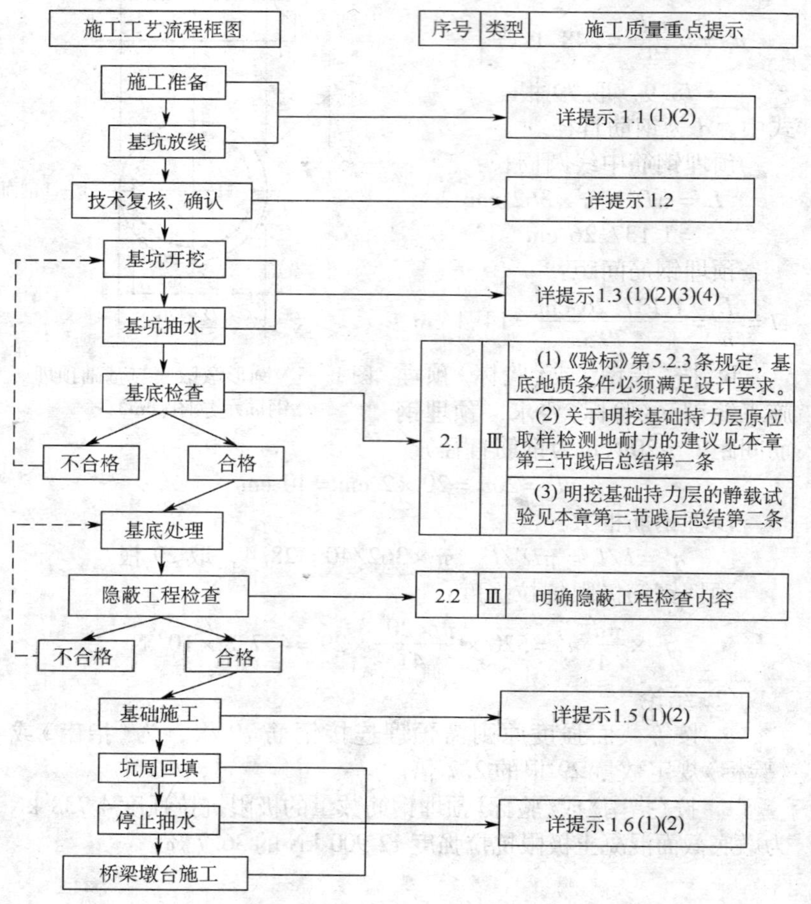

图 2—1　明挖基础施工工艺流程和质量重点提示

第二节 施工质量控制措施

与图2—1中施工质量重点提示序号、类型所对应的施工质量控制措施如表2—1所示。

表2—1 明挖基础施工质量控制措施

序号	类型	提示内容	缘由与说明	控制措施
2.1	Ⅲ	(1)《验标》第5.2.3条规定，基底地质条件必须满足设计要求	规定中对于设计要求的内容不明确、标准不清楚，故具体操作困难。 施工企业事前向设计单位搞清地质条件的具体要求和标准，对于保证施工质量、掌握质量关键点至关重要	① 对于设计要求的地质条件至少应有如下内容和标准： a. 持力层土质名称 b. 基本承载力 σ_0 与土质物理特性吻合 c. 地基容许承载力[σ] d. 基底设计压应力 σ_h e. [σ]$\geqslant\sigma_h$ f. 基坑已开挖地质情况与设计地质的异同比对结果 ② 上述内容和标准应有量化的数据支持，不能仅凭观察判断。 ③ 施工企业提前约请监理、设计勘察单位检查地基并现场确认
		(2) 持力层土质原位取样检验	原位取样送检是判明土质名称和地耐力的可靠方法之一	①《桥设规》规定，对于重要桥梁或地质结构复杂的桥涵地基，其容许应力应采用荷载试验及原位测试方法确定。 ② 有关原位取样检验的建议见本章第三节践后总结第一条
		(3) 明挖基础持力层的静载试验	数据直接准确，是量化地耐力最可靠的方法	明挖基础持力层的静载试验方法及其地耐力的确定见本章第三节践后总结第二条

续上表

序号	类型	提示内容	缘由与说明	控制措施
2.2	Ⅲ	明确隐蔽工程检查的具体内容	见表1—1第1.4条	a. 持力层土质名称 b. 容许承载力[σ] c. 设计压应力 σ_h d. 地下水位与排水方法 e. 实际开挖地质与设计异同和比对结果 f. 基底设计高程与施工误差 g. 墩台编号与里程 h. 基坑与基础平面示意图 i. 基底处理的方法和结果 j. 需要特殊说明的问题

第三节 践后总结

一、关于明挖基础持力层原位取样检验地耐力的建议

北京铁路局××线××设计院设计24 m+3×32 m+24 m预应力混凝土梁式桥跨，桥台为后仰埋置式扩大基础，基础埋深大于3.0 m，持力层为中密碎石土。桥台建成数月后发现两台都出现不均匀下沉，其中一座台前下沉80 mm、台尾下沉102 mm呈后仰状，而在台背路基填土不久，该台又由先前的后仰变为前倾(台前下沉>台尾)。为搞清地耐力，施工单位为此专门在持力层搞静载试验。后由甲方组织设计、施工和监理等参建单位专题研讨，对于桥台不均匀沉降的原因和善后处理等论证结果简述于下：

(1) 桥台沉降的原因

① 设计取用基本承载力 σ_0 偏大是桥台沉降的主要原因：《铁路桥涵地基和基础设计规范》(TB 10002.5—2005)第

4.1.2 条规定，中密状碎石土基本承载力 $\sigma_0 = 550 \sim 800$ kPa，设计采用650 kPa，计算容许承载力$[\sigma] = 700$ kPa，台底设计压应力 $\sigma_h = 504$ kPa。而静载试验中 $\sigma_0 = 280 \sim 400$ kPa、均值为340 kPa，属于松散碎石土。静载试验均值 $\sigma_0 = 340$ kPa 仅约为设计采用值650 kPa 的一半，二者相差悬殊是桥台变形先仰后倾的主要原因。

② 施工和监理的基底检验缺乏数据支持并草率放行是桥台沉降的次要原因：

仅凭现场观察、不取样检测就认定基底地质条件与设计一致（中密碎石土，$[\sigma] = 700$ kPa），符合《验标》第5.2.3 条对于“基底地质条件满足设计要求”的规定。此种隐蔽工程检查结论既缺乏科学依据，又缺乏土质检测试验的数据支持。

（2）处理意见：“推倒重来、重新设计、返工再建”。

（3）关于明挖基础持力层原位取样检验地耐力的建议

准确的土质名称和密实状态决定地基的基本承载力 σ_0 和容许承载力$[\sigma]$，因此基底检验不能仅凭观察，检验结论应来自持力层原位取样的检测分析和试验报告，只有观察、没有试验报告的量化结果和数据支持，则不能作出隐蔽工程检查质量合格与否的最终结论。

①《验标》第5.2.3 条基底地质检验方法原文：“检验方法：施工单位观察或进行标准贯入、触探仪检测；监理单位观察和见证检测。”建议将“施工单位观察”改为：施工单位应原位取样检验。

修改后为：“检验方法：施工单位应原位取样检验或进行标准贯入、触探仪检测；监理单位观察和见证检测。”这样，通过持力层原位取样送检，既可由试验报告中得到准确的土质名称、密实状态、基本承载力 σ_0 及其容许承载力$[\sigma]$，又可从根本上杜绝由“观察”导致的质量失误乃至事故。

② 对于“原位取样检验”效果的评估：

原位取样检验持力层土质密实度、确定土质名称，对于设计而言是一次地基容许承载力的原位核实，因为原位取样筛分土壤，对于本例中的碎石土，属于中密抑或松散，可以得到准确的定性和量化，由此亦可计算其容许承载力[σ]。此举在设计无误时可视其为核对，倘若出现本例的情况，则可纠错于事前，对设计质量不失为一种有效的他控或保险措施。对于施工单位原位取样交试验室检测，既是质量过程管控的要求，又能避免自身的质量失控、失误甚至返工，对于施工企业质量意识的提升、质量行为的落实同样大有裨益。

二、明挖基础持力层的静载试验

北京枢纽东北环线 42. 9 km，1 ~21. 69 m 上承钢板梁桥，下部结构采用 T 形桥台、木桩基础，1959 ~1960 年施工建成后发现两个桥台打入木桩数量不足，少于设计规定，由于桥台业已竣工无法补桩，为防止基桩数量不足的质量隐患影响未来正常的运营秩序，上级决定紧傍一线修建二线桥备用。

一线桥基桩数量不足的原因有二：一是赶工期；二是地基土密实、打入木桩困难。新建二线桥有否可能变桩基为扩大基础，需要对已有地质钻探资料原位核验，以获取准确、可靠的技术数据。因此在二线桥基坑进行持力层承载试验，以最终确定其容许承载力，为二线桥台设计方案提供决策依据。

二线桥持力层静载试验报告给出：采用安全系数 $K=2$ 时，持力层土质容许承载力$[\sigma]_{K=2}=227$ kPa，满足扩大基础基底设计应力的需要，故二线桥台基础设计为明挖扩大基础。

有关静载试验的方法、加载、曲线及容许承载力的决定等，全部引用当年“静载试验工地报告”（附件）(1960 年 12 月 30 日）以供参考。

<u>附件：静载试验工地报告</u>

（一）试验地点：东北环线草场地，429# 桥东桥台南侧（见图 2—2)，基坑面标高为 26. 64 m(与原桥基底标高同)。

（二）工程名称：东北环，429 km，1 ~21. 69 m 上承板梁中桥。

（三）承台型式：木制十字架平台（图 2—3）；自重（包括平台上铺枕木重）为 650 kg；支承垫座尺寸为 40 cm×40 cm = 1 600 cm^2 的硬木垫座。

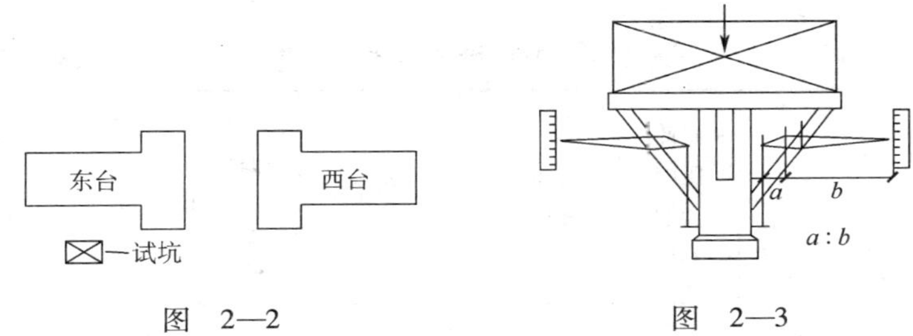

图 2—2　　　　图 2—3

（四）加载物：铸铁砖每块 25 kg，每阶段加 100 kPa（即 64 块）。

（五）读数仪器：工地制杠杆仪两个，精度为 $\frac{1}{20}$ mm。

（六）基坑情况：静载试验的基坑宽 1.5 m，长 2.5 m，深 1.5 m，试验系在暖棚中进行，土壤未受任何冰冻现象，地下水很微弱。

（七）土壤性质：褐色砂黏土，此桥台的两侧已由北京局基建处钻探队钻探过，故有关土的性质，详见该报告原钻探结果。两桥台在基底标高处的土壤性质相同，本次静载试验所挖基坑，其相应土层的土壤类别，亦与钻探结果相符。

（八）加载情况：见表 2—2。

（九）试验结果：绘出图 2—5、图 2—6。

（十）容许承压力数值的决定。

根据第五阶段荷载加上后，土壤即发生裂纹，并随时间延长而增长，沉落持续不停，并且第五阶段于沉落未终结时的沉落值达 5 倍以上大于第四阶段的沉落值，并参照荷载与沉落关系曲线决定采用第五阶段前一个阶段的总荷载即第四阶段的累计荷载作为极限荷载，即 $P_K = 454$ kPa。

故此：

当安全系数采用 2 时，则

$$[\sigma]_{K=2}=227\ \text{kPa}$$

表 2—2　静载试验加载情况表

加载阶段	每阶段加重量（kg）	累计压应力 P（kPa）	开始加载时间	沉落终止时间	一阶段的沉落量（mm）	备　注
自重阶段	650	41				以自重加上后为零读数
第 1 阶段	1 600	141	28 日 10 时 0 分	28 日 11 时 35 分	0.60	
第 2 阶段	1 600	241	28 日 12 时 0 分	28 日 14 时 35 分	0.65	
第 3 阶段	1 600	341	28 日 14 时 40 分	28 日 16 时 05 分	1.00	
第 4 阶段	1 800	454	28 日 16 时 05 分	28 日 20 时 15 分	4.7	
第 5 阶段	1 750	564	28 日 20 时 15 分	……	>5 × 4.7	继续不断沉落，并且土壤已呈破坏现象
总计	9 000	564				

注：第五阶段加重开始后，沉落显著增大，并且出现不断沉落现象；垫座四侧，于加载 4 h 后，出现了破坏裂纹，并且随时间的延长而扩大。尤其在垫座的四个方角上，土有鼓起现象，裂纹宽达 2 ~4 mm，长 10 ~20 cm，且这阶段的下沉量已超过第四阶段的 5 倍以上，因此判断土壤已达到强度极限状态，结束试验。

附静载试验照片（图 2—4）

压重

读数

图 2—4　静载试验

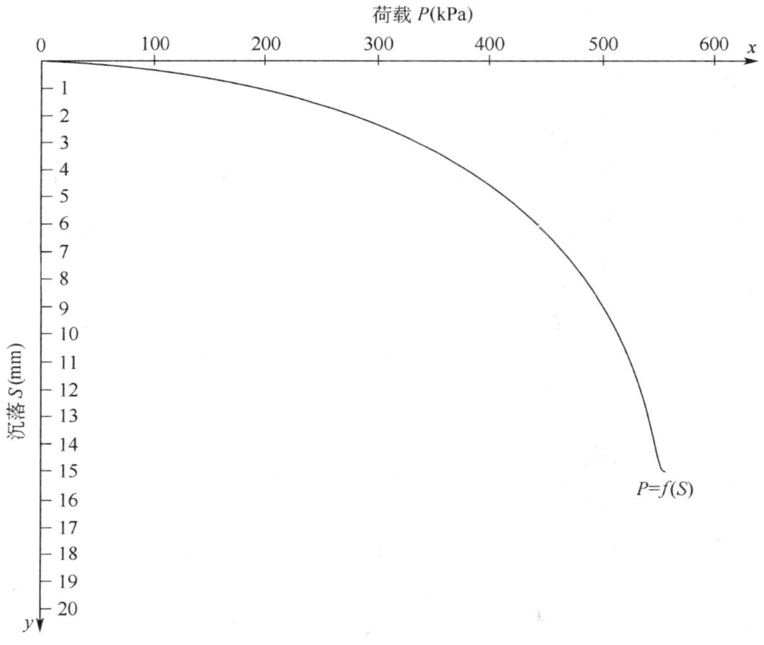

图 2—5　荷载($P_K = 454$ kPa)与沉落关系曲线

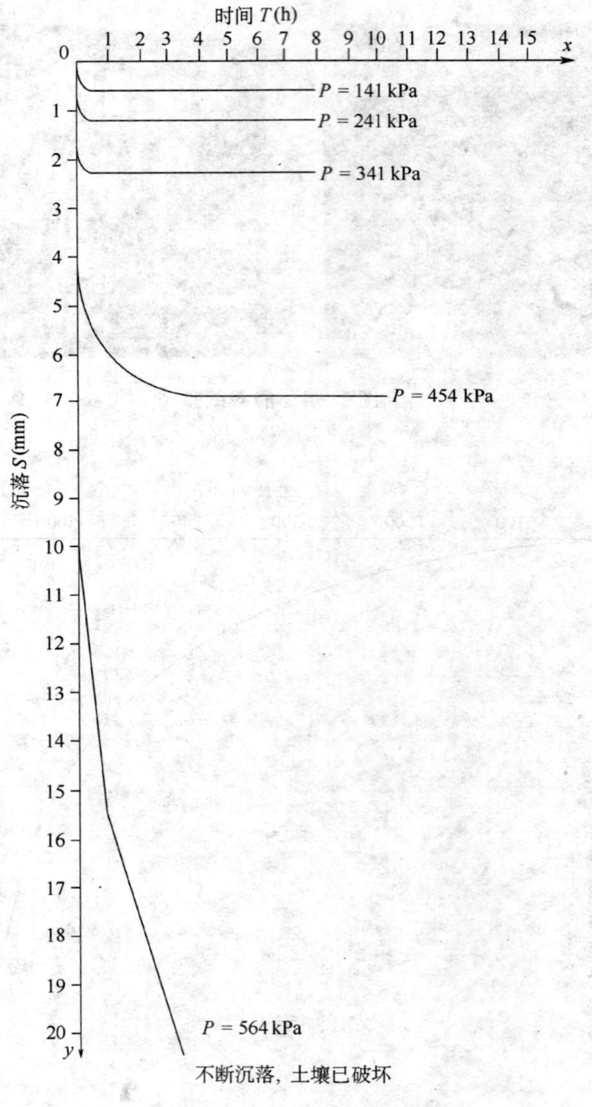

图 2—6　时间与沉落曲线

（十一）附现场试验观测记录(表 2—3)

表 2—3　现场试验观测记录

加载阶段（及读数次数）	累计总重（kg）	累计压应力 P(kPa)	开始加载时刻	沉落读数时刻	读数①下沉值累计（mm）	读数②下沉值累计（mm）	累计平均下沉值(mm)	备　注
第一阶段	2 250	141	28 日 10 时 0 分					
1				10 时 15 分	0.6	0.4	0.5	第一阶段
2				10 时 25 分	0.7	0.4	0.55	总下沉为
3				（每隔10分钟一次）	0.7	0.4	0.55	0.6 mm
4					0.8	0.4	0.6	
5					0.8	0.4	0.6	
6					0.8	0.4	0.6	
7					0.8	0.4	0.6	
8				11 时 35 分	0.8	0.4	0.6	
第二阶段	3850	241	28 日 12 时 0 分					
1				13 时 15 分	1.6	0.8	1.2	第二阶段
2				（每隔10分	1.6	0.81	1.21	总下沉为
3					1.64	0.81	1.23	0.65 mm

续上表

加载阶段（及读数次数）	累计总重（kg）	累计压应力 P（kPa）	开始加载时刻	沉落读数时刻	读数①下沉值累计（mm）	读数②下沉值累计（mm）	累计平均下沉值（mm）	备　注
4				钟读一次）	1.64	0.81	1.23	
5					1.64	0.81	1.23	
6					1.7	0.81	1.25	
7					1.7	0.81	1.25	
8					1.7	0.81	1.25	
9					1.7	0.81	1.25	
第三阶段	5 450	341	28 日 14 时 40 分					
1				14 时 55 分	2.6	1.8	2.2	第三阶段
2				（每隔10分钟读一次）	2.6	1.8	2.2	下沉总计
3					2.8	1.6	2.2	为1.0 mm
4					2.8	1.6	2.2	
5					2.8	1.6	2.2	
6					2.8	1.7	2.25	
7					2.8	1.7	2.25	

续上表

加载阶段（及读数次数）	累计总重（kg）	累计压应力 P（kPa）	开始加载时刻	沉落读数时刻	读数①下沉值累计（mm）	读数②下沉值累计（mm）	累计平均下沉值（mm）	备　注
8					2.8	1.7	2.25	
第四阶段	7250	454	28 日 16 时 05 分					
1				16 时 25 分	4.5	5.5	5.0	第四阶段总下沉为 4.7 mm
2				（每隔 10 分钟读一次）	4.6	6.4	5.5	
3					4.8	6.7	5.75	
4					4.9	6.9	5.9	
5					4.9	7.1	6.0	
6					4.9	7.3	6.1	
7					5.0	7.4	6.2	
8					5.0	7.5	6.25	
9					5.0	7.6	6.3	
10					5.0	7.8	6.4	
11					5.1	8.0	6.55	
12					5.1	8.0	6.55	

续上表

加载阶段（及读数次数）	累计总重（kg）	累计压应力 P（kPa）	开始加载时刻	沉落读数时刻	读数①下沉值累计（mm）	读数②下沉值累计（mm）	累计平均下沉值（mm）	备　注
13					5.1	8.1	6.6	
14					5.1	8.1	6.6	
15					5.1	8.2	6.65	
16					5.1	8.3	6.7	
17					5.1	8.3	6.7	
18					5.5	8.3	6.9	
19					5.5	8.4	6.95	
20					5.5	8.4	6.95	
21					5.5	8.4	6.95	
22					5.5	8.4	6.95	
23					5.5	8.4	6.95	
24				20时15分	5.5	8.4	6.95	
第五阶段	9000	564	28日20时15分					
1				20时35分	10.3	12.3	11.3	

续上表

加载阶段（及读数次数）	累计总重（kg）	累计压应力 P（kPa）	开始加载时刻	沉落读数时刻	读数①下沉值累计（mm）	读数②下沉值累计（mm）	累计平均下沉值（mm）	备注
2				（每隔10分钟读一次）	11.2	13.5	12.35	
3					12.0	14.4	13.2	
4					12.9	15.7	14.3	
5					13.6	16.6	15.1	
6					14.1	16.9	15.5	
7					14.6	17.5	16.05	
8					15.0	17.6	16.3	
9					15.5	18.5	17.0	
10					15.7	18.7	17.2	
11					16.0	18.8	17.4	
12					16.4	19.2	17.8	
13					16.6	19.5	17.5	
14					17.0	19.7	18.35	
15					17.5	20.5	19.0	
16					17.6	20.6	19.5	

续上表

加载阶段（及读数次数）	累计总重（kg）	累计压应力 P(kPa)	开始加载时刻	沉落读数时刻	读数①下沉值累计（mm）	读数②下沉值累计（mm）	累计平均下沉值(mm)	备　注
17				（每隔10分钟读一次）	18.0	21.0	19.5	
18					18.4	21.5	19.9	
19					18.8	21.6	20.2	
20					18.8	22.0	20.4	
21					19.4	22.2	20.8	
22					20.0	22.6	21.3	
23					20.0	22.8	21.4	此时土壤
24					20.6	23.5	22.05	已呈破坏
25					20.8	23.5	22.15	裂缝
26					21.0	23.5	22.25	
27					21.15	23.6	22.4	
28					21.15	24.0	22.55	
29				以下土壤继续破坏	21.4	24.0	22.7	
30				沉落不断	21.6	24.1	22.85	

有关“静载试验工地报告”的说明：

试验方法：鉴于当时条件采用重物平台式加载，自制平台，租赁钢块土法上马简单可行且结果可靠，为新建二线桥台基础设计方案的决策，提供了实际地耐力的数据支持。

第三章　重力式沉井

第一节　工艺流程和施工质量重点提示

重力式沉井施工工艺流程和质量重点提示如图3—1所示。

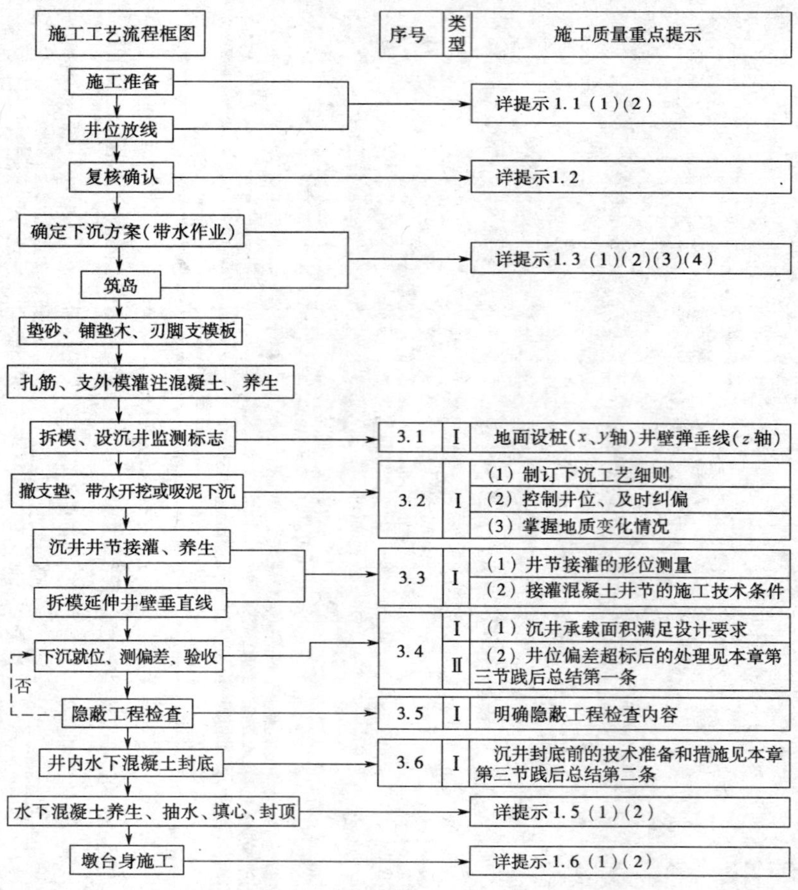

图3—1　重力式沉井施工工艺流程和质量重点提示

第二节　施工质量控制措施

与图 3—1 中施工质量重点提示序号、类型所对应的施工质量控制措施如表 3—1 所示。

表 3—1　重力式沉井施工质量控制措施

序号	类型	提示内容	缘由与说明	控制措施
3.1	Ⅰ	地面设桩（x、y 轴）、井壁弹线（z 轴）	下沉中的井位观测，应由 xy 平面坐标和纵轴 z 的垂直线，三个方向同步监控以保证沉井的设计位置	沉井拆模后由刃脚实际高程推算、标示 x、y 轴的竖向垂直轴线 z 于井壁如下图示： 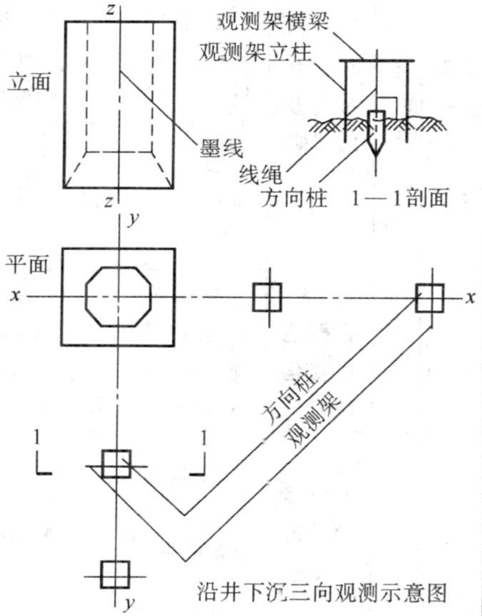 z　立面　观测架横梁　观测架立柱　墨线　线绳　方向桩　1—1剖面 y　平面　x　方向桩　观测架　1　1 沿井下沉三向观测示意图 a. 地面设双向观测桩 b. 井壁弹 z 轴垂直墨线 c. 沉井边下沉、边观测 d. 发现偏差、找准原因、及时调整 e. 适时用仪器校核井位及桩位
3.2	Ⅰ	（1）制订下沉工艺细则	沉井下沉情况复杂多变、事前要用工艺细则	a. 下沉应连续 b. 控制锅底深度与刃脚高差不宜过大 c. 井内保持一定水头防止出现流砂

续上表

序号	类型	提示内容	缘由与说明	控制措施
3.2	I	（1）制订下沉工艺细则	统一施工人员的质量意识与行动	d. 为减少沉井浮力，当抽水下沉时，应根据地质条件慎重对待，防止出现流砂现象
		（2）控制井位与及时纠偏	减少撤垫初始偏差、及时纠正下沉过程中偏差，是保证设计井位的施工关键	a. 严格撤垫工艺，减少初始偏差 b. 边下沉、边监测 c. 出现偏差、找准原因、及时纠编 d. 纠偏措施（井内单向挖土纠偏、井外填土或挖土增减沉井侧压纠偏、井顶单向压重纠偏等） e. 详细记录下沉情况，作好交接班工作
		（3）掌握地质变化情况	掌握实际地质情况，估算下沉阻力	a. 应及时记录地质状况并与设计资料对照异同 b. 井底地质变化情况绘制地质剖面图 c. 若井底持力层地质与设计不符应及时向有关部门反映
3.3	I	（1）井节接灌的形位测量	准确定位底节是接灌的关键	a. 测定底节沉井 x、y、z 三向坐标位置 b. 顺延底节平面及垂直轴 z 向上接灌混凝土
		（2）接灌井节混凝土的施工技术条件	接灌后的上下井节中心轴线相合，连接件保证不脱节，确保沉井设计的几何形状和尺寸	a. 混凝土接灌面距水面的高度差，以方便施工操作为最佳选择 b. 底节井位尽量与设计位置接近（偏差要小） c. 底节刃脚尽量调平 d. 刃脚四周吃土均匀（必要时回填找平） e. 井节混凝土接缝，按等截面强度原则设预埋件 f. 接灌混凝土时应监测底节坐标（x、y、z）变化 g. 拆模后顺底节坐标延伸 z 轴墨线

续上表

序号	类型	提示内容	缘由与说明	控制措施
3.4	Ⅰ	（1）沉井承载面积满足设计要求	沉井就位后的有效面积应满足设计要求，确保沉井基础的结构需要和施工质量	a. 掌握沉井持力层地质情况、满足设计要求 b. 沉井就位后有效面积（扣除埋入刃脚、不能清除干净的面积）不小于设计要求 c. 沉井就位后的基底检查、确认和基底处理应由潜水员探、摸等水下作业完成 d. 特殊情况应及时反馈、及时处理
	Ⅱ	（2）井位偏差超标后的处理	井位偏差超标处理难度较大，严格掌控下沉过程井位，及时纠偏是关键	就位后的沉井井位偏差超标，按《验标》规定属于下沉质量失格。基于沉井施工的特殊情况，建议仍沿用旧《验标》，先由设计结构验算，再进行最后的质量判定。有关建议内容见本章第三节践后总结第一条
3.5	Ⅰ	明确隐蔽工程检查的具体内容。（施工企业自检合格后再申请隐检）	见表1—1第1.4条	a. 沉井下沉记录 b. 地质实况剖面 c. 持力层地质与设计要求是否一致 d. 沉井就位后刃脚高程与偏差 e. 井位三向坐标（x、y、z）情况 f. 井底潜水检查情况（锅底深度、找平情况、刃脚埋深宽度与井底有效面积、井筒接灌混凝土部分有无脱节以及井壁和凹槽的清污情况等）

续上表

序号	类型	提示内容	缘由与说明	控制措施
3.6	Ⅰ	沉井封底前的技术准备和措施	确保沉井水下混凝土封底一次成功，对于提高水下混凝土质量、沉井基础结构质量至关重要	① 封底的技术条件： a. 基底土质和基底处理、经潜水检查确认其质量合格 b. 确认沉井清基后不再下沉 c. 井位偏差符合《验标》规定 ② 沉井水下封底的技术措施： 沉井封底常出现导管返水、漏水、没有封住等情况。历经多次封底成败实践的不断总结，在把握规律、改进工艺之后，基本上能够一次封成。有关沉井水下混凝土封底工艺要点详第三节践后总结第二条

第三节　践后总结

一、关于井位偏差超标后的处理建议

(1) 沉井下沉至设计高程后，新旧《验标》对于允许偏差和检验方法规定汇总如下。

① 旧《验标》(2004 年 1 月 1 日废止)的规定：

第 7.2.5 条规定，沉井下沉至设计高程后的允许偏差和检验方法应符合表 3—2 的规定。当倾斜度或位移超过规定，但经设计单位验算，尚能符合设计要求时，该沉井的下沉工作仍可评为合格。

② 新《验标》(2004 年 1 月 1 日施行)的规定：

第 7.2.9 条规定，就地制作沉井下沉至设计高程后，允许偏差和检验方法应符合表 3—2 的规定。

(2) 沉井井位超标与施工质量的界定

表 3—2　沉井下沉至设计高程后的检验方法和允许偏差

项　目	允许偏差	检验方法
底面、顶面中心位置	$h/50$	底面、顶面至少各测量 4 处
倾斜度	1/50	测量
平面扭角（矩形、圆端形）	1°	

注：h 为沉井高度。

就地预制沉井由撤垫开始至下沉到设计高程，井位始终处于下沉与纠偏的动态之中，由于地质的复杂难测导致井位纠偏亦难于完全掌控，因而井位偏差超标在施工中时有发生，按新《验标》规定，井位超标属于沉井下沉质量不合格。因此，在施工决策上无论是再度纠偏利用或是纠偏未果报废均处于两难选择，纠偏困难是由于刃脚已达设计高程，井筒四周土壤约束较强，纠偏正位的结果难测；沉井报废的难处则在于若弃之不用从设计到施工难度更大，诸如：清除废井方法，若避开既有井位又涉及设计变更的梁跨和桥渡布置等。

面对井位超标的实际，建议仍按旧《验标》由设计验算沉井的结构质量及其使用上的功能状况作为最终的质量判定，以体现新《验标》的刚柔并进，既要严格标准，又能在满足设计功能的前提下灵活运用。

（3）井位超标的处理建议

① 准确测定实际井位：

沉井就位后底面和顶面 x、y 轴坐标、z 轴倾斜方向和倾斜度等三维坐标测定后，与允许偏差值对比、求出井位实际的超标量值。

② 准确判定工程部位、结构和施工阶段的属性：

由于井位超标的质量失格，属于沉井分部工程中 5 个分项工程（模板与支架、钢筋、混凝土、下沉、清基和填充）中的下沉，而沉井制造、钢筋和混凝土等结构质量仍属合格，清基和填充属于尚未施工的后续分项工程。

③ 采用旧《验标》设计验算的规定：

沉井井位超标对于工程投产运营的质量、安全和使用功能的影响，应根据井位实际的超标量值等情况，建议仍采用旧《验标》第7.2.5条的规定，当倾斜度或位移超过规定，但经设计单位验算，尚能符合设计要求时，该沉井的下沉工作仍可评为合格。

若此，对新《验标》而言，既有刚性规定，又有弹性的符合设计结构要求的技术变通，在严格执法与符合设计要求之间，也建立了一条科学互动、求真务实的沟通管道。

④ 严格质量标准与控制井位：

不能以符合设计要求为由疏于施工中沉井纠偏的力度和标准。新《验标》的井位允许偏差是施工质量控制的底线，因为一旦突破底线导致质量失控，不符合设计要求，其严重的质量后果是可想而知的。

二、沉井水下混凝土封底的工艺要点

锦承线老牛河桥（1962～1963年）水害复旧工程，设计桥墩基础为5m+6m两节圆形沉井基础如图3—2所示，沉井施工采用抓泥斗带水开挖下沉、竖向导管水下混凝土封底。封底时水下混凝土通过导管灌入井底后，井内积水顺管底又重返导管的情况时有发生，导管进水，封底失败，只能返工再行二次封底，有时需重复2～3次才能成功。

（1）水下混凝土封底失败原因

通过分析总结历次失败教训后认为，导管进水主要原因在于水下混凝土在导管出口四周未能形成足够的埋深H，由于埋深不足，难以平衡导管内、外的水头压差，故而导管外（井内）的高水头穿透H致使导管进水。欲使埋深H足够，则有赖于自导管内溢出的水下混凝土，在井底形成稳固的圆台几何体。综上，封底启动时的储灰量不足，导管四周形不成足够的埋深H，是历次封底失败的主要原因。因而要求封底启动时的储灰：在数量上确保井底形成埋深导管高度为H的圆台体；在灌注工艺上确保封底启动后的全部储灰能够连续不断地沿导管灌入井底，使其尽早形成埋深为H的圆台体，简言之："储灰足够、连续灌注、导管

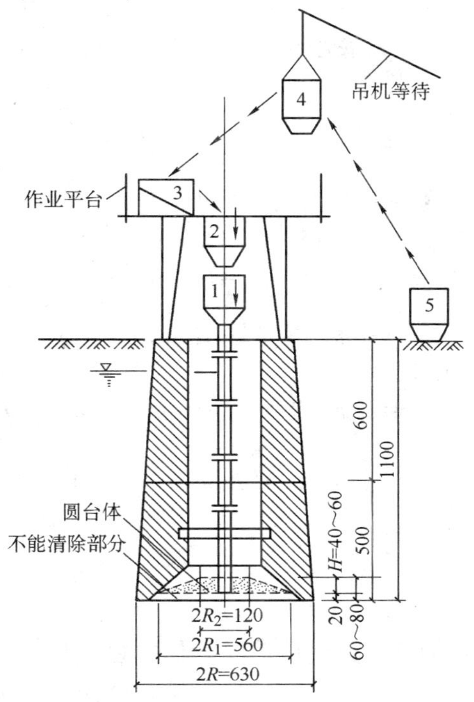

图 3—2　沉井水下混凝土封底储灰示意图

说明：

1. 图中尺寸以 cm 计。

2. 图中 1、2、3、4、5 为储灰容器（容积为 1.0 m^3）也表示封底启动后的下灰顺序。

升降适时、保证管周埋深”是水下混凝土封底成功的关键。

（2）水下混凝土沉井封底的相关参数

通过多次实践测试，对于水深 10m 沉井水下混凝土封底的坍落度为 16 ~ 20 cm 时，混凝土在水下流动坡度为 1∶5 ~ 1∶8；导管内径为 29 cm 时，其作用半径 R = 3 ~ 4 m；导管埋深 H = 40 ~ 60 cm 时，即可平衡导管内外的水头压差。

(3) 封底启动时的储灰量估算(老牛河桥沉井实例)

水下混凝土在井底溢出后近似于圆台体，圆台的体积 V 计算公式为：

$$V=\frac{1}{3}\pi\cdot H(R_1^2+R_2^2+R_1\cdot R_2)$$

式中 H——导管封底启动后的最小埋深取 50 cm；

R_1——圆台底面半径，$R_1=2.8$ m(图 3—2)；

R_2——圆台顶面半径，$R_2=0.6$ m(图 3—2)。

得

$$\begin{aligned}V&=\frac{1}{3}\pi\cdot H(R_1^2+R_2^2+R_1\cdot R_2)\\&=\frac{1}{3}\pi\cdot 0.5(2.8^2+0.6^2+2.8\times 0.6)\ \text{m}^3\\&=\frac{1}{3}\pi\cdot 0.5(7.84+0.36+1.68)\ \text{m}^3\\&=\frac{1}{3}\pi\cdot 0.5\cdot 9.88\ \text{m}^3\\&=5.17\ \text{m}^3\end{aligned}$$

取 5.0 m^3 为沉井封底启动时的储灰量。封底成功后水下混凝土埋深导管 H 应逐步加大，防止提升导管时漏水，规范一般要求导管最小埋深为 1.0 m，最大埋深为 3.0 m。

(4) 沉井封底工艺演练

沉井封底具体的操作工艺也是封底成败的另一关键，例如配合下灰时导管的升与降、储灰的供给与连续、操作人员的岗前培训与定位，以及指挥得当、配合协调等等均需事先准备充分。

第四章　沉入桩基础

第一节　工艺流程和施工质量重点提示

沉入桩基础施工工艺流程和质量重点提示如图4—1所示。

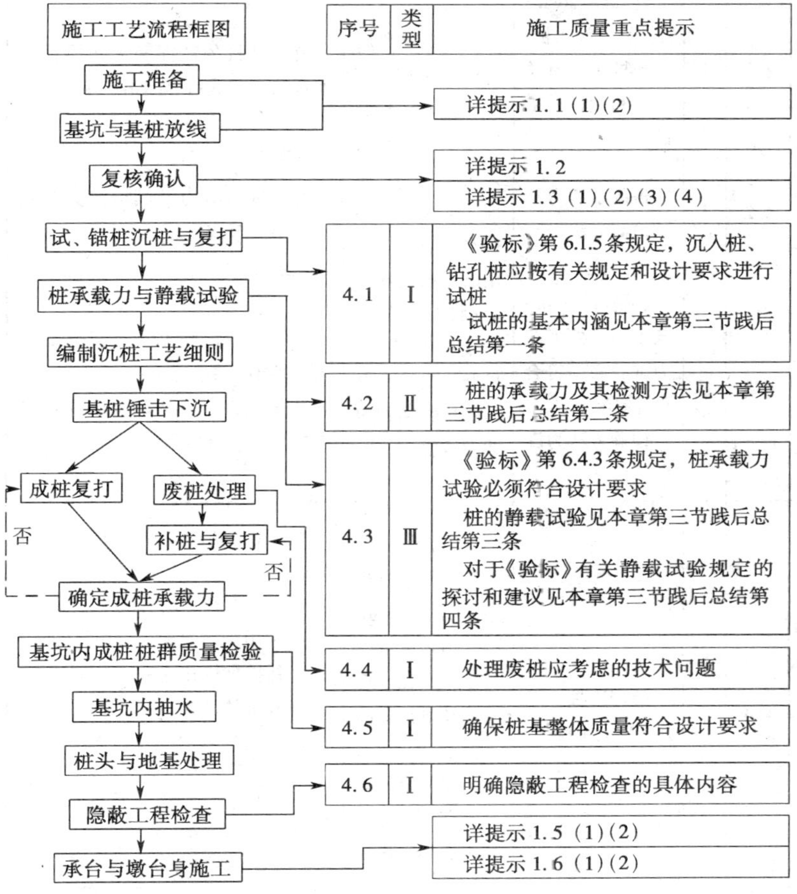

图4—1　沉入桩基础施工工艺流程和质量重点提示

第二节　施工质量控制措施

与图4—1中施工质量重点提示序号、类型所对应的施工质量控制措施如表4—1所示。

表4—1　沉入桩基础施工质量控制措施

序号	类型	提示内容	缘由与说明	控制措施
4.1	Ⅰ	《验标》第6.1.5条规定，沉入桩、钻孔桩应按有关规定和设计要求试桩	掌握桩基础施工中的试桩、桩的承载力和静载试验三者的相关关系、工作属性、试验方法和技术评估以及适用条件和技术上的制约因素等，对于桩基施工、桩群中成桩承载力的检验和判定非常重要	有关试桩的功能和工作属性见本章第三节践后总结第一条
4.2	Ⅰ	桩的承载力及其检测方法		有关桩承载力及其检测方法见本章第三节践后总结第二条
4.3	Ⅲ	《验标》第6.4.3条规定，桩承载力试验必须符合设计要求 检验方法为静载试验		桩的静载试验见本章第三节践后总结第三条 有关试桩、静载试验的建议见本章第三节践后总结第四条
4.4	Ⅰ	处理废桩应考虑的技术问题	锤击沉桩过程中地质情况难测，出现废桩时有发生，在处理时涉及设计和施工技术问题较多，故应全面综合考虑处理方案的比选和优化	① 施工处理方案在技术上应考虑： a. 废桩有否利用价值 b. 利用废桩的承载力如何确定 c. 补桩桩位和桩距 d. 补桩的承载力 e. 补桩是否引起承台尺寸变更以及对承台刚度的影响 f. 桩群重心变化对基桩承载力的影响 ② 方案的确定应由设计检算、确认之后再实施，以确保结构质量

续上表

序号	类型	提示内容	缘由与说明	控制措施
4.5	Ⅰ	确保桩基整体质量符合设计要求	桩基中的每根沉桩质量符合设计要求及《验标》的规定，是确保桩基整体质量达标的前提	a. 绘制桩基承台底面沉桩桩位竣工坐标和偏差 b. 废桩与补桩的处理依据及其承载力的确定 c. 桩尖标高、桩长及其土层柱状图 d. 每根桩的承载力判定结果 e. 桩群重心坐标偏差(竣工与设计) f. 根据沉桩竣工坐标计算桩的最大承载力 g. 桩的实际承载力 > 设计值 h. 沉桩过程中需要说明的情况或问题
4.6	Ⅰ	明确隐蔽工程检查的具体内容	见表 1—1 第 1.4 条	a. 每根沉桩原始记录及其整理记录汇总表 b. 桩位实际坐标和桩群重心 c. 桩位超标的桩号、偏差值、数量及其处理结果 d. 废桩桩位和处理结果 e. 补桩桩位、桩长和承载力的分配和确定 f. 桩尖高程、桩长 g. 桩的容许承载力确定方法(静载试验直接确定、间接判定及其它方法) h. 桩的容许承载力 > 设计值(施工图中有标示) i. 桩头高程、锚固筋情况 j. 沉桩无损检测结果(桩身混凝土完整性及强度评估)及混凝土质量等级 k. 基底高程、误差及基底处理 l. 沉桩地质柱状图

第三节 践后总结

北京枢纽原东北环线通惠河桥为三跨连续梁，墩台基础为 ϕ-55 cm 钢筋混凝土管桩，管桩下沉采用 6 t 蒸汽锤锤击并辅以高压射水，桩尖置于砂夹卵石层。根据设计要求，由于超静定结构对于基础沉降的严格限制，施工前需要进行试桩和桩的静载试验，其中垂直静载试验用以确定桩的承载力和沉降量，水平荷载试验以确定桩的水平推力。

针对现行《验标》对于桩基础中的试桩、桩承载力和静载试验的规定，结合通惠河桥试验的具体实践和体会，对于试桩、桩的承载力及其检测方法、垂直静载试验以及关于试桩和静载试验的建议，将在本节中第一条至第四条予以简要介绍以供参考。

一、试　　桩

(1) 试桩的作用

桩基施工前进行试桩的目的在于核证地质勘探资料和相关数据，用以获取符合桩基境域实际的技术参数，为设计和施工提供准确、可靠的设计依据和工艺参数。

① 获取工艺参数：

试桩过程也是选择、检验、改进和优化施工设备的实际演练，为选择沉桩设备、确定沉桩工艺参数提供直接的经验和数据。

② 获取桩的承载力及其相应的沉降曲线：

静载试验获取的试桩承载力(一般多指桩周阻力)常通过直接在桩顶加载取得，并绘出荷载与试桩沉降关系曲线，这是目前确定沉桩承载力最直接、最准确的试验方法和手段。

③ 确定沉桩长度：

试桩为确定桩长、承载力、沉降量提供的试验数据，是优化施工设计、保证工程质量最主要的技术依据。

④ 间接确定其他成桩的承载力：

根据试桩的施工参数和静载结果，对桩群中需要检验确定承载力的其他成桩，通过二者施工技术参数的对比，即可间接判定。

（2）试桩的具体应用

根据桩基的结构性质（静定或超静定）、重要性以及在复杂水文地质条件下建设规模较大的桩基工程，往往在设计时选择有代表性的地点、部位并结合其结构性质，在施工前搞少数试桩；而一般的普通结构、桩数较少的设计项目，可以间接获取设计参数的，一般不搞试桩。

（3）试桩的工作属性

① 试桩是勘察设计单位的工作内容：

桩基要否试桩应由设计单位确定，对于试桩数量、形式（垂直或水平静载）、加载方法、地点、时限以及试验资料的共享，应在设计文件中明确并提出相应的具体要求。

② 试桩要纳入设计概算：

试桩的全部工作内容应纳入建设项目的设计概算，作为施工企业制订施工作业计划的技术依据。

③ 试桩应纳入施工计划：

施工企业按设计要求应将试桩纳入施工计划，并在正式沉桩之前搞完试桩得出完整的试验资料，为优化施工设计、沉桩工艺提出准确可靠的数据支持。

二、桩的承载力及其检测方法

桩的承载力计算有二：一是按桩身材料强度，二是按桩周土的阻力或桩底土的承载力（强度），分别进行静力计算，取二者较小值作为控制设计和施工的技术依据。

（1）按混凝土桩身材料强度计算的桩承载力

传统上采用桩芯取样检测桩身混凝土强度和完整性。由于科技的发展进步，目前则采用新的基桩检测方法，用以判明受检桩身完整性、承载力的检测和评定。（详《铁路工程基桩检测技术规程》（TB 10218—2008））

（2）按桩周土阻力或桩底土强度计算的桩承载力

目前仍采用传统的静载试验方法直接对桩加载试验确定其承载力。静载试验一般由设计单位提出，在试桩上进行。根据设计的具体要求，在基桩正式施工前的试桩上通过分级、分阶段直接加载，即可确定试桩的破坏荷载、极限荷载和容许荷载即桩的容许承载力（有关桩的破坏荷载、极限荷载和桩的容许承载力的技术内涵见本节第三条）。

若仅为检验基坑中个别成桩的承载力而专门进行静载试验者，在实践中并不多见，除非事先有计划并有特殊的技术需要。

三、桩的静载试验

（1）静载试验的工艺要点和桩的承载力

直接在桩顶设千斤顶按桩的设计极限承载力分级、分阶段加载，观测记录该桩的沉降，待一个加载级的沉降稳定（休止）之后，再行下一级加载，直至桩周土的阻力或桩底土的承载力破坏（即荷载不增加、沉降仍然持续），此加载阶段即为桩的破坏荷载阶段。

根据静载试验的荷载与沉降曲线（$P \sim S$）选取比破坏荷载小一级的荷载，作为桩的极限荷载。极限荷载除以安全系数 K，即为桩的容许承载力。

施工图中标示的单桩设计承载力，是根据桩基静力计算结果且在试桩容许承载力范围之内的选取值（一般取整数），因而桩承载力的设计值应小于或等于桩的容许承载力。

综上，就桩的承载而言，有破坏荷载和极限荷载，桩的承载力则有容许承载力和设计承载力。桩的静载试验一般多在试桩上进行。

（2）静载试验的种类和加载方法

① 静载种类：

有垂直、水平加载以及桩的上拔力试验等 3 种，其中垂直加载试验较为常见，另两种试验较为少见。

② 垂直加载方式：

有平台式加载、重物千斤顶式加载以及锚桩千斤顶式加载等3种加载方式，如图4—2所示。

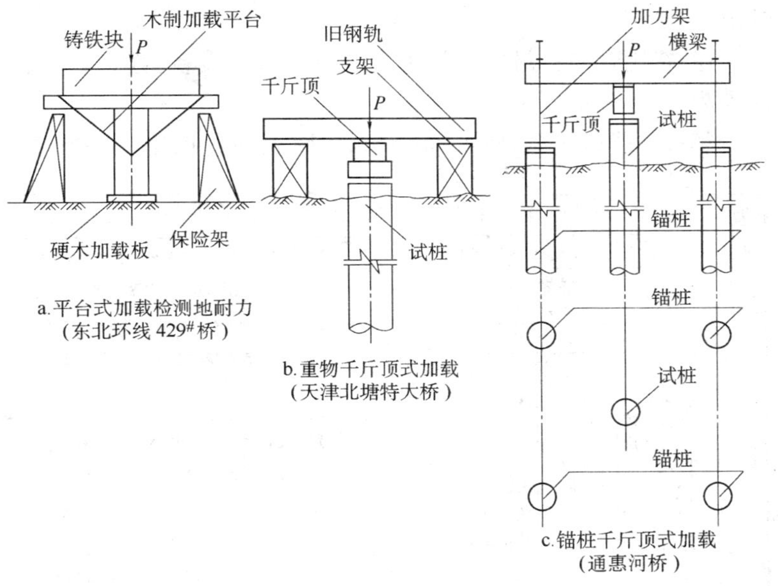

图4—2　试桩垂直加载试验方式示意图

(3) 静载试验的技术评估

① 静载试验地点靠近桥址的地质钻孔，与设计项目的境域实际相吻合，获取的试验资料是重要的设计、施工依据。

② 静载试验可在桩顶利用千斤顶分级、分阶段循环加载，直至桩周土阻力或桩底土强度破坏，实测的荷载与沉降($P \sim S$)曲线准确、真实、静载试验数据可靠，是目前检验单桩承载力、确定沉降值最直接的试验方法。

③ 静载试验事前准备工作量较大：

包括静载试验选点搭建试验棚、方案确定、加载设施的设计与加工、设备运输与安装、编制试验细则、计量工具标定和校正以及人员培训等。

④ 试验周期较长：日夜连续试验，垂直静载1根桩约需7～

10 d。

⑤ 人员配置较多：三班作业，每班约需 2 ~8 人(含电力工、机械工)。

⑥ 费用较高：材料、加工、设备安装、设备拆除以及设备租赁费等。

综上，静载试验适用于较大工程建设项目或重要结构，对

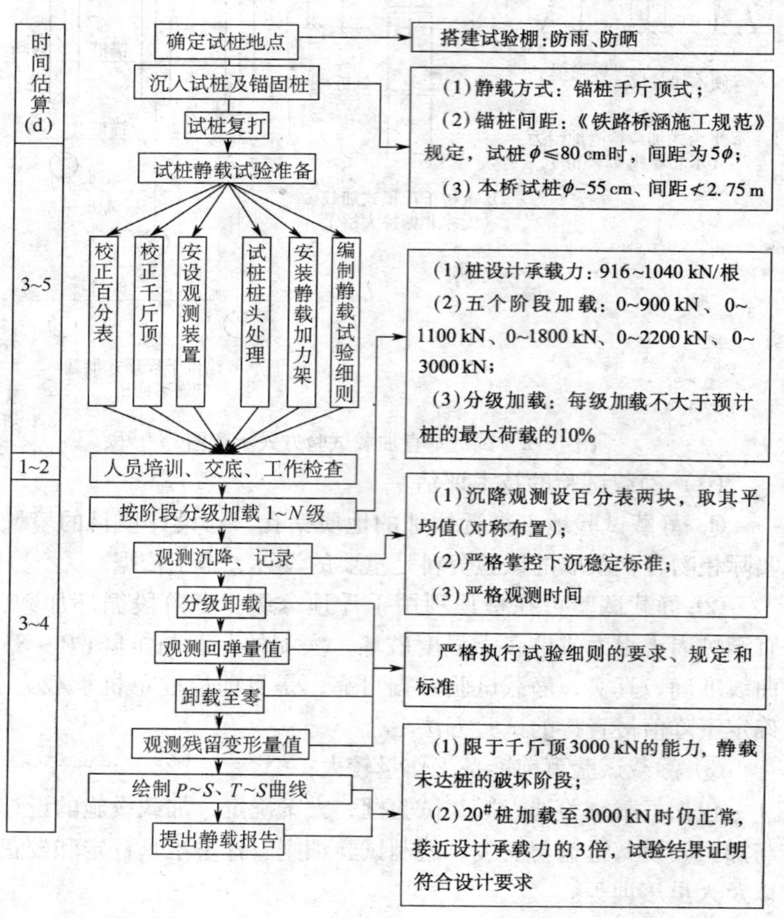

图 4—3　通惠河桥 ϕ-55 cm 管桩采用锚桩式静载试验工艺流程

于一般较小的建设项目则不尽适宜，静载试验应尽量在试桩上进行而不要在基坑中的成桩中进行（除非事先有计划或有特殊的技术需要）。

（4）北京枢纽通惠河桥静载试验的工艺流程和静载曲线

① 通惠河桥 ϕ-55 cm 管桩静载试验工艺流程概要如图 4—3 所示。

② 通惠河桥北台 20#桩静载试验 $P\sim S$、$T\sim S$ 试验曲线如图 4—4 所示。

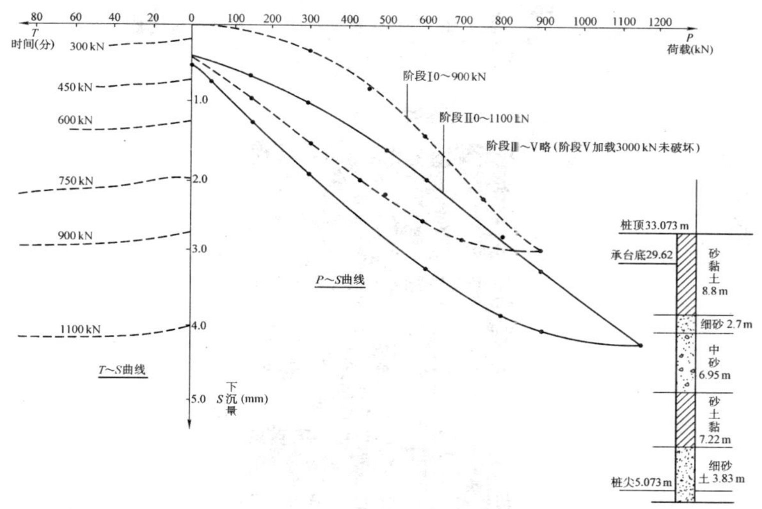

图 4—4　通惠河桥北台 20#桩静载试验 $P\sim S$、$T\sim S$ 试验曲线

注：（1）全桥试桩总计：垂直静载 2 根、上拔 1 根、斜桩水平推力 1 根；

（2）北台 20#桩静载属计划内成桩静载；限于千斤顶 3000 kN 的能力试桩未能达破坏阶段；

（3）桥台基桩设计承载力 916 kN/根、桩长 18 m(实际 24.4 m)；

（4）静载结论：桥台已就的成桩承载力满足设计要求。

图 4—5 为试柱及加载千斤顶照片，图 4—6 为锚桩及加力架照片。

图 4—5　试桩及加载千斤顶

图 4—6　锚桩及加力架

四、对于《验标》有关静载试验规定的探讨和建议

《验标》对沉入桩、钻孔桩分别在第 6. 4. 3 条、第 6. 5. 19 条

规定，“桩承载力试验必须符合设计要求”，检验方法为“施工单位进行静载试验”。

按照《验标》的条文排序，上述两项规定均属施工质量检验的主控项目，成桩静载的对象泛指基坑中业已竣工就位基桩群中的成桩(1 根或数根)，对于成桩承载力的检验采用静载试验的方法，无论从检验方法的规定及其技术上是否可行，均有商榷和探讨之处，因为静载试验本身应具备其必要的前提条件并符合相应的技术规定，否则难以实施，以下对成桩静载提出以下探讨意见和建议。

（1） 成桩静载的前提条件

静载试验就是通过加载设施在桩顶直接加载，以获取该桩承载力及其沉降变形的方法，成桩静载亦不例外。

静载试验必要的前提条件是：必须事前明确检验对象(试桩或成桩的桩号或桩位)。而成桩检验承载力一般采用随机抽样确定，显然不具备上述的前提条件，故难以事前明确受检的桩号，并影响其静载试验的后续工作，如加载方法与设施准备、试验场地与平面布置、试验设备与校正等均无从下手也无法准备。

成桩静载同样需要事前的规划、设计和确定加载方案，并应纳入设计概算和施工作业计划。除非在技术上有特殊要求和需要，一般的工程建设项目不会在桩群的成桩中为检验承载力而专门搞静载试验。

（2） 成桩静载应考虑的技术规定和方案的选定

① 加载方式和桩群数量：

a. 打入桩桩基一般桩数较多，在基坑内采用锚桩式加载方案在技术上尚有可能(事前应明确静载的成桩桩号和桩位,以便统筹规划)。

b. 对于钻(挖)孔桩桩基，由于桩长、径粗且桩数较少，锚桩式加载则不宜，静载方案如何实施，在技术上需作大量功课。

② 静载试验桩与锚桩或加载支架之间的距离要求，如表 4—2 所示。

表 4—2　试桩与锚桩(加力架)的距离规定

规范名称 / 项目 / 内容 / 桩的种类	《铁路桥涵地基和基础设计规范》(TB 10002.5—2005)	《客货共线铁路桥涵工程施工技术指南》(TZ 203—2008)	说明
项目	构造要求	试桩试验办法	
内容	第 6.3.2 条规定，打入桩或钻(挖)孔灌注桩的桩尖或中心距	附录 B.0.4 第 2 款规定，试桩与锚桩的中心距，或试桩到加载平台的支架边缘	
打入桩	不小于 3 倍桩径	当试桩直径≤80 cm 时可为试桩直径的 5 倍；直径 >80 cm 时不小于 4 m	摩擦桩
钻(挖)孔桩	不小于 2.5 倍成孔桩径		

从表 4—2 中看出：若对基坑中桩群某根桩进行静载试验，试桩与成桩桩距有严格限定，目的在于试验结果的准确、可靠，这也是静载试验重要的技术要求和标准。

③ 静载试验的预期目标和加载吨位：

a. 打入桩桩径与设计承载力都较小，静载试验加载至桩周土阻力破坏即桩的破坏荷载阶段，一般在技术上问题不大。

b. 钻(挖)孔桩由于桩长、径粗，设计承载力较大，若加载至桩的破坏阶段，则需数百吨加载重物，重物的运输、加载布置、重物支撑和方案筹划等难度较大；若仅加载至设计荷载、未达破坏阶段，则桩的极限荷载和容许承载未知，充其量仅仅说明：静载加载至设计荷载时，该桩尚属正常，而这与静载的预期目标相距甚远，对此应事先全面统筹规划。

④ 成桩静载的场地和空间：

在桩群基坑内的成桩静载，三种加载方式需要的平面场地和起重装吊的空间，均应符合试验和操作的技术要求，特别是对于水中或围堰内成桩的静载，其难度更非一般。

(3) 关于静载试验的建议

① 静载试验应在试桩上进行，桩群中的成桩则不宜：

试桩是否必要应由设计单位在文件中提出，施工单位据此进行计划安排、方案确定以及试验准备等，方可有序进行并达到试桩的预期目的。而成桩则难度较大，除非事前有安排和要求，一般的建设项目桩基，特别是钻（挖）孔桩的成桩，若仅为检验其承载力而专门搞静载试验，无论从技术上或是投资上均不适宜；

② 检验成桩承载力应以间接判定为主：

由于静载试验工作繁杂、制约因素多且周期较长，故只能在有代表性的少量试桩上进行，难以广泛用于桩群中的成桩。成桩承载力的检验以间接判定为主，是一种技术上可行、经济上合理的选择。

a. 对于较大项目已有试桩和静载试验结果的，可利用试验结果的技术参数，诸如：实际桩长、承载力、沉降值、地层情况以及贯入度等，与成桩的沉桩记录、挖孔的实际地质、施工参数和结果，通过二者的对比，即可间接判定成桩承载力，以达到规定的质量检验目的。

b. 对于中、小型桩基项目没有试桩和静载的，依照施工技术指南，可根据地质勘察的设计资料、静力触探试验资料结合地区性经验公式估算，或采用动力公式根据锤击的最终贯入度等进行估算，也可达到检验成桩承载力的目的。（详《客货共线铁路桥涵工程施工技术指南》（TZ 203—2008）第 7. 2. 6 条）

第五章　钻孔桩基础

第一节　工艺流程和施工质量重点提示

钻孔桩基础施工工艺流程和质量重点提示如图 5—1 所示。

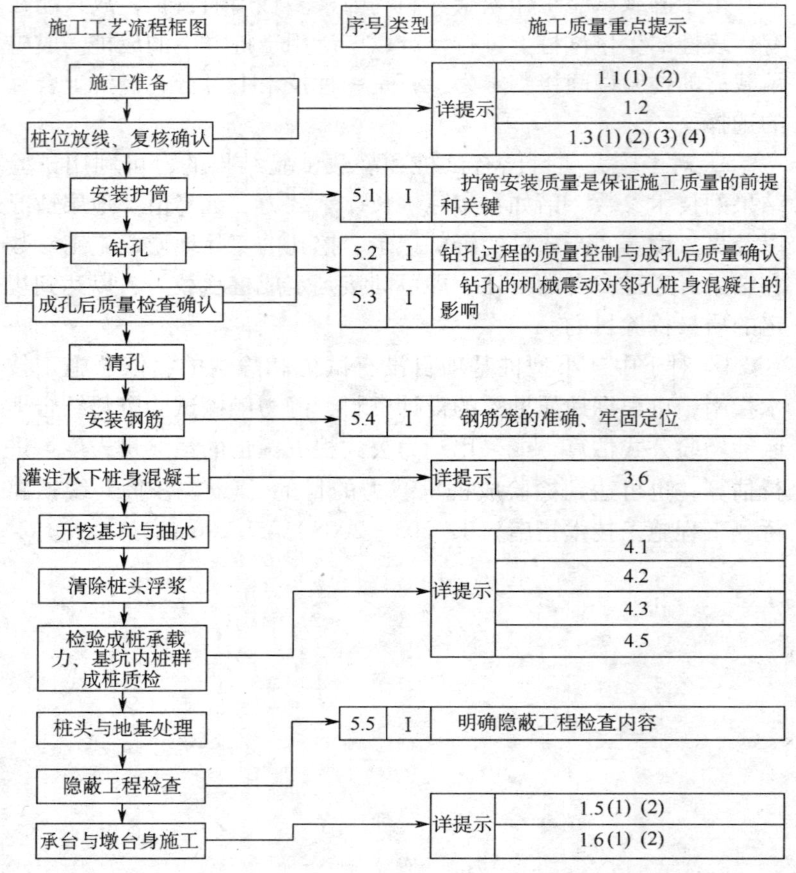

图 5—1　钻孔桩基础施工工艺流程和质量重点提示

第二节 施工质量控制措施

与图5—1中施工质量重点提示序号、类型所对应的施工质量控制措施如表5—1所示。

表5—1 钻孔桩基础施工质量控制措施

序号	类型	提示内容	缘由与说明	控制措施
5.1	I	护筒安装质量是保证施工质量的前提和关键	护筒定位准确、安装规范、牢固，为钢筋笼挂靠、钻孔作业有序提供保证条件，更是保证施工质量的关键点。施工中一旦护筒沉降、变位或倾斜，其质量后果将非常严重	① 安装质量： a. 密封不漏水 b. 埋置原则：宁深勿浅 c. 筒底置于原状的硬土层 d. 筒周回土夯实 e. 筒顶水平、筒身垂直 f. 高出地面不小于0.5 m、高出水面或地下水不小于2.0 m g. 钢制护筒为首选 ② 使用功能： a. 确定设计桩位 b. 钻具导向 c. 筒内保持水头、防止孔壁塌方 d. 固定钢筋笼 e. 防范地表水涌入
5.2	I	钻孔过程的质量控制与成孔后质量确认	钻孔过程中及时发现问题、分析原因、找准对策并及时解决是钻孔桩质量控制的关键。 一旦成孔应立即质检，确认后转入下道工序	① 过程的质量控制： a. 监控护筒形位、保持筒内水头 b. 记录地质变化，与设计资料比对 c. 出现问题及时反馈、找出原因、采取应对措施 ② 成孔的质量确认： a. 成孔中心、孔深并垂直度偏差值均应小于容许值 b. 有否局部坍孔 c. 护筒内水头保持稳定

续上表

序号	类型	提示内容	缘由与说明	控制措施
5.3	I	钻孔的机械震动对邻孔桩混凝土的影响	类似于邻孔桩混凝土早期受到震动对抗压强度的影响曾在混凝土连续梁施工之前有过模拟试验，其结论是：对混凝土强度尚无负面影响	① 施工规范规定，待邻孔混凝土灌注完成，达到2.5MPa抗压强度再开钻。 ② 混凝土超过终凝后的二次或重复震动对其抗压强度的影响，模拟试验结果为：对混凝土强度非旦没有负面影响，并有提高混凝土抗压强度的效果。 相关的模拟试验见第十章第三节践后总结第六条
5.4	I	钢筋笼的准确、牢固定位	钢筋笼中心是确定钻孔桩中心的结构依据和标准。故其定位的准确和牢固是施工质量的关键	a. 安装钢筋笼之前检测护筒位置和高程与设计比对 b. 实际偏差值<《验标》规定值 c. 钢筋笼在护筒范围内调整并与设计中心和高程吻合 d. 确认钢筋笼形位尺寸和垂直度之后，临时点焊定位于钢护筒之上 e. 钢筋笼一旦定位，其后所有工序一要抓紧、二要全程监护
5.5	I	明确隐蔽工程检查内容	见表1—1第1.4条	a. 每根桩的原始记录和整理汇总表 b. 桩位实际坐标及桩群重心的偏差值 c. 桩位超标的桩号、量值及其处理结果 d. 单桩设计承载力 e. 单桩容许承载力的判定和方法（静载直接确定或其他方法间接判定）

续上表

序号	类型	提示内容	缘由与说明	控 制 措 施
5.5	I	明确隐蔽工程检查内容	见表1—1第1.4条	f. 桩头标高(清除浮浆后) g. 钢筋笼形位及锚固筋长度 h. 钻孔桩水下混凝土试件抗压强度 i. 无损检测结果(混凝土强度、完整性和分类等级) j. 基底高程、偏差以及基底处理情况 k. 钻孔桩地质柱状图 l. 钻孔中出现问题的桩号和处理结果 m. 涉及结构问题的处理应有设计的认同 n. 其他需要说明的问题

第六章　挖孔桩基础

第一节　工艺流程和施工质量重点提示

挖孔桩基础施工工艺流程和质量重点提示如图 6—1 所示。

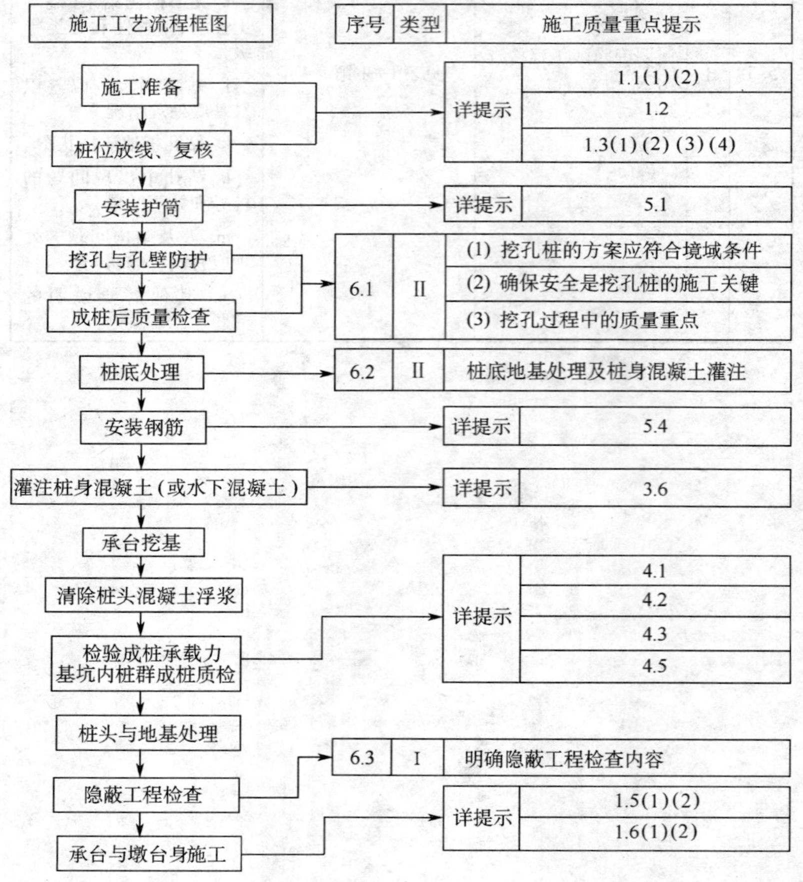

图 6—1　挖孔桩基础施工工艺流程和质量重点提示

第二节　施工质量控制措施

与图6—1施工质量重点提示序号、类型所对应的施工质量控制措施如表6—1所示。

表6—1　挖孔桩基础施工质量重点提示

序号	类型	提示内容	缘由与说明	控制措施
6.1	Ⅱ	(1) 挖孔桩的方案应符合境域条件	由于挖孔桩大都采用人工挖掘，故对开挖土质以及地下水均有技术上的严格要求，以满足工艺需要	a. 挖孔桩的境域条件必须满足工艺要求 b. 无地下水或少量地下水，首选少量地下水 c. 人工开挖不困难的土层或风化的软质岩层 d. 开挖桩径的尺寸应考虑护壁厚度，护壁后的内径≮1.5m
		(2) 确保安全是挖孔桩的施工关键	确保施工操作人员安全是挖孔桩的关键之一，而施工人员的岗前培训并考试合格后上岗则是保证安全的前提条件	a. 孔壁防护(护壁)应有结构计算和施工工艺设计 b. 护壁材料与桩身材料(混凝土)一致为最佳首选 c. 混凝土护壁应有配合比设计 d. 护壁混凝土应早强、不宜拆除 e. 限定一次开挖深度，边开挖、边防护 f. 制订针对性的安全措施(操作人员上下的活动软梯、起吊索具定期的安全检查、井内通风与有害气体监测) g. 安全防范预案的组织和物质准备 h. 施工人员先培训后上岗

续上表

序号	类型	提 示 内 容	缘由与说明	控 制 措 施
6.1	Ⅱ	（3）挖孔过程中的质量重点	保证挖孔过程中的中线和截面尺寸符合设计要求、护壁及桩身混凝土强度要达标	a. 边挖孔、边记录地质情况（土质名称和厚度）并与设计资料比对异同，确保桩的承载力 b. 挖孔桩严格按工艺操作并连续作业 c. 护壁支模前校核中线，确保桩的设计截面尺寸 d. 挖孔一旦完成应抓紧其后的工序衔接，尽快灌注桩身混凝土
6.2	Ⅱ	桩底地基处理及桩身混凝土灌注	桩底的地基处理（特别是柱桩）符合《验标》要求，桩身混凝土质量达标	① 地基处理： a. 严格规范的规定（桩底无松土、无泥污软层、基面平整） b. 桩底持力层与设计高程一致、土质名称与设计吻合 c. 对土质存疑时可原位取样检验 ② 桩身混凝土灌注： a. 常规混凝土灌注：无地下渗水 b. 水下混凝土灌注：孔内渗水量较大时采用水下混凝土灌注工艺为宜，以确保混凝土质量
6.3	Ⅰ	明确隐蔽工程检查内容	见表1—1第1.4条	a. 每根挖孔桩的土层变化、厚度、有无渗水等原始记录 b. 记录整理汇总表 c. 桩位中心坐标与设计偏差 d. 桩底高程、土质名称和处理情况

续上表

序号	类型	提 示 内 容	缘由与说明	控 制 措 施
6.3	Ⅰ	明确隐蔽工程检查内容	见表1—1第1.4条	e. 桩顶高程、钢筋锚固情况 f. 护壁混凝土强度 g. 挖孔过程中的特殊情况(局部土质变化、潜水、孤石)、处理方法及结果 h. 桩的设计承载力 i. 桩的容许承载力及其判定方法 j. 桩身混凝土试件28天强度 k. 桩身混凝土无损检测结果(强度、完整性和分类等级)

第七章　桥梁墩台

第一节　工艺流程和施工质量重点提示

桥梁墩台施工工艺流程和质量重点提示如图7—1所示。

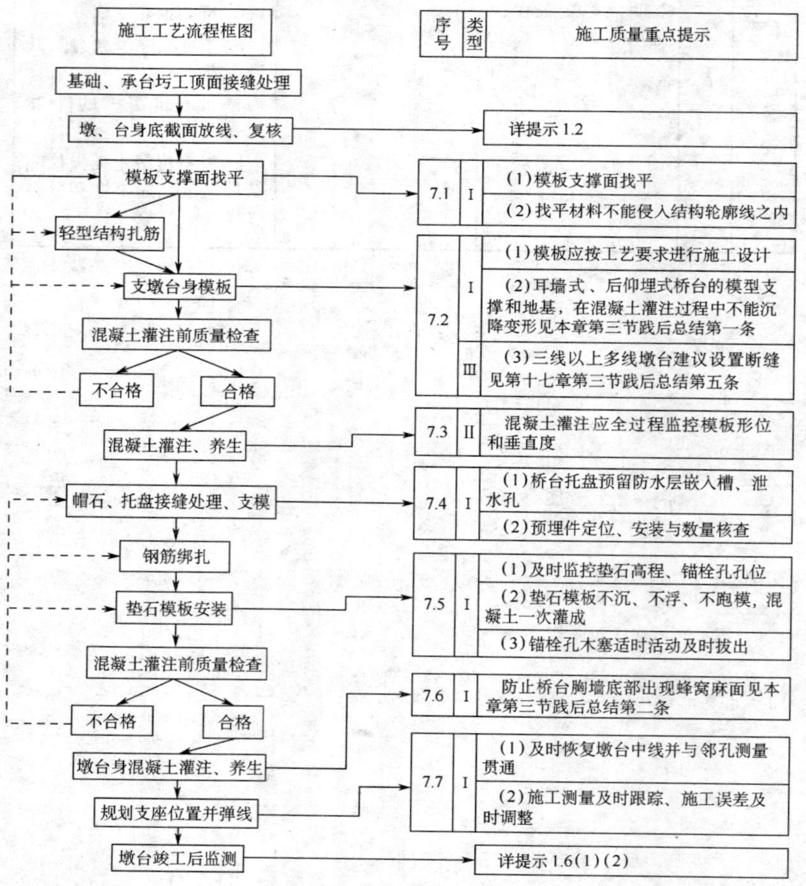

图7—1　桥梁墩台施工工艺流程和质量重点提示

第二节　施工质量控制措施

与图 7—1 中施工质量重点提示序号、类型所对应的施工质量控制措施如表 7—1 所示。

表 7—1　桥梁墩台施工质量控制措施

序号	类型	提示内容	缘由与说明	控制措施
7.1	Ⅰ	（1）模板支撑面找平	承台或基础顶面与模板密贴不漏浆，便于支模和控制高程	a. 找平层以砂浆为宜 b. 找平层厚度 1～3cm，其强度等级不低于墩台身混凝土 c. 圬工顶面清除浮砟、浮浆等圬物 d. 砂浆找平层抹完后及时养生
		（2）找平层材料不能侵入结构轮廓线之内	墩台身与基础圬工连接处是结构物的薄弱部位，确保墩台身的设计截面是施工质量的主要控制内容	a. 铺设找平层之前，应在基顶弹出墩台设计截面的轮廓线 b. 找平层控制在轮廓线之外，确保墩台身设计截面尺寸(实践中砂浆找平层、调整高度的木楔,侵入墩台设计截面者时有发生,故应引起注意并杜绝)
7.2	Ⅰ	（1）模板应按工艺要求进行施工设计	保证模板在混凝土灌注过程中，符合工艺和设计要求：不跑模、不漏浆、形位尺寸不变形、不移位、不倾斜	a. 混凝土灌注工艺是模板设计的重要依据 b. 混凝土灌注工艺的主要内容有：混凝土圬工截面尺寸、灌注厚度和方法(人工或机械)、速度、坍落度、振捣方式(内插式、外附式)、模板材料(钢、木、钢木结合)、混凝土入模方式(人工串筒、泵送)等
		（2）耳墙式、后仰埋式桥台的模型支撑和地基，在混凝土灌注过程中不能沉降变形	模板支撑和地基在混凝土尚未达到一定强度之前的变形或下沉，极易造成台身或耳墙顶面混凝土早期开裂	a. 模板支撑的刚度要保证 b. 采取预防措施杜绝模板支撑地基浸水(雨水、养护用水) c. 对模板支撑地基的特殊设计和处理，确保地基不变形 d. 模板支撑处的排水有序、通畅 e. 防止耳墙式桥台顶面早期开裂见本章第三节践后总结第一条
	Ⅲ	（3）三线以上多线墩台，建议设置断缝	地基不均匀沉降或混凝土灌注时的上、下层温差过大极易造成混凝土开裂	a. 设计规范尚无限定墩台宽度(垂直线路方向)的规定 b. “三线”以上混凝土墩台设置断缝的建议见第十七章第三节践后总结第五条

续上表

序号	类型	提示内容	缘由与说明	控制措施
7.3	Ⅱ	混凝土灌注应全程监控模板的形位尺寸和垂直度	全程监控目的在于及时发现质量问题并解决，确保混凝土墩台结构在质量过程中受控	a. 全程泛指自准备工作开始至垫石找平结束 b. 设专人全程跟踪监控：模型板连接牢靠、刚性支撑与柔性拉索有效以及结构几何尺寸和垂直度等 c. 防止模板遭重物(混凝土斗)碰撞 d. 较高墩台应以仪器监测为主 e. 发现问题、找出原因、及时解决，防止质量问题积累
7.4	Ⅰ	(1) 桥台托盘预留防水层嵌入槽、泄水孔	桥台托盘防水层是保证结构质量、延长结构使用年限的关键措施之一，而嵌入槽则是防水层的重要构造设施	a. 了解并掌握防水层的施工构造和作用 b. 施工前向支模人员技术交底 c. 桥台托盘混凝土灌注前检查确认 d. 杜绝泄水孔反坡 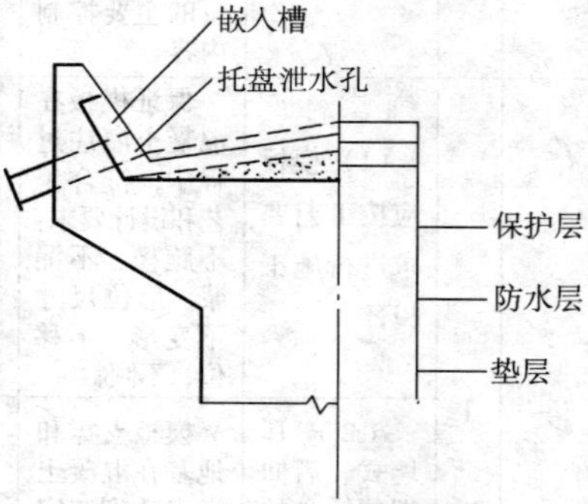 嵌入槽 托盘泄水孔 保护层 防水层 垫层 桥台托盘预留防水层嵌入槽
		(2) 墩台预埋件定位、安装与数量核查	预埋件安装质量、数量合于设计要求，满足工序转换需要，也是施工作业得以连续、有序的保证条件	a. 事前汇总工务、电务、通信、信号和牵引供电预埋件的种类和数量 b. 施工前核实预埋件有无差、错、碰、漏 c. 请相关专业人员现场检查、确认或施工中监护 d. 施工技术交底详尽到位 e. 施工中设专人跟踪监护

续上表

序号	类型	提示内容	缘由与说明	控制措施
7.5	I	（1）及时监控垫石高程、锚栓孔孔位	确保垫石高程、支座螺栓孔孔位符合设计要求	a. 混凝土灌注前向操作者详细技术交底，做到人人心中有数 b. 严格垫石模板形位尺寸，确保不沉、不浮、不跑模 c. 发现问题及时整修、正位 d. 严格按垫石模板找平顺橇帽石混凝土，消除帽石顶面沟槽和突棱 e. 垫石混凝土应一次灌成，不得二次用砂浆找平，防止两层间空鼓 f. 设专人在灌注全过程跟踪、监控垫石高程和锚栓孔孔位
		（2）垫石模板不沉、不浮、不跑模，混凝土一次灌成	垫石模板刚度小，施工中极易变形、变位，造成帽石表面沟槽	
		（3）锚栓孔木塞适时活动、及时拔出	混凝土一旦初凝，木塞则难以活动，抽出则更是困难	
7.6	I	防止桥台胸墙底部出现蜂窝麻面	影响胸墙质量和外观，给架梁前增加整修工序	灌注胸墙时将有混凝土反溢于帽石之上，由于过早清除则形成蜂窝麻面。有关防止桥台胸墙底部出现蜂窝麻面的工艺要点见本章第三节践后总结第二条
7.7	I	（1）及时恢复墩台中线并与邻孔测量贯通	及时恢复中线在于及时发现问题、及时找出原因、及时调整误差并消除错误	a. 利用墩台原设引桩及时恢复中线并与邻孔联系贯通 b. 掌握误差量值、找出原因、及时调整 c. 提前调查欲架的梁跨尺寸和误差，为规划梁位作好技术准备
		（2）施工测量及时跟踪、施工误差及时调整	确保墩台中线和梁位符合设计要求且满足《验标》规定。避免施工误差长期、大量积累而超标	a. 在《验标》允许偏差范围内，依据墩台和梁跨实际情况调整中线和梁位 b. 在垫石上弹出梁跨支座轮廓、梁端、梁缝墨线 c. 调整结果应纳入竣工文件 d. 调整中线和梁位的原则应以实际的墩台形位尺寸、梁跨尺寸，全面综合规划，以获取调整后的最佳质量预期

第三节　践后总结

一、防止耳墙式桥台墙顶早期开裂

北京枢纽西北环线军庄桥，钢筋混凝土耳墙式桥台，在灌注混凝土后的养生期，即发现桥台的耳墙顶面出现横向裂纹一条、宽度 2 mm。具体如图 7—2 所示。

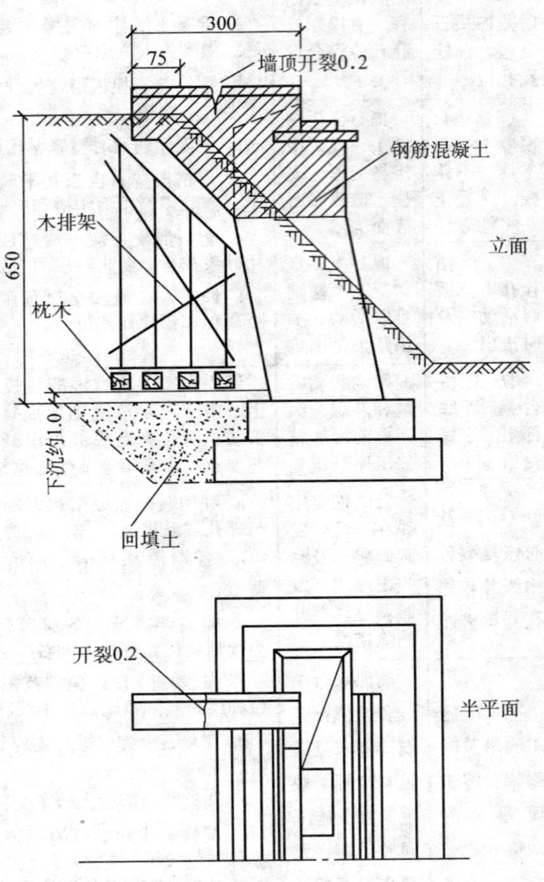

图 7—2　钢筋混凝土耳墙式桥台墙顶早期开裂示意图(cm)

(1) 原因分析

钢筋混凝土耳墙悬臂部分模板的承重排架，支撑于桥台基础回填土之上，基础圬土完成后，只是按一般的常规办法回填基坑土，对其将要承托模板垂直荷载的功能则未予考虑，因此对回填土的逐层夯实、密实度的检验和监控均予忽略，又由于混凝土养生用水的不断渗入，促使回填土很快(即混凝土在灌注后的早期)产生较大压缩变形，加之耳墙混凝土在凝固初期由塑态向固态转化过程时强度甚低，对于模板变形的下沉敏感，故而导致耳墙混凝土的顶面早期开裂。

（2）工艺对策

针对支撑耳墙模板的地基浸水下沉，导致墙顶混凝土开裂的原因，在施工工艺上可以采取针对性的技术措施。防止开裂的关键在于控制支撑模板基础的变形，诸如：对于回填土应有明确的密实度和承载标准，并在施工操作中分层夯填、分层检验，确保回填土的密实度和承载力。对于回填土应有防水措施(防水布覆盖)，自洒水湿润模板开始直至混凝土灌注、养生的整个期间，确保模板基础免遭水浸，即封闭表面与局部导排相结合。总之，抓住“密实”与“防水”是控制模板基础下沉变形和耳墙顶面早期开裂的重要工艺措施。

二、防止桥台胸墙底部混凝土出现蜂窝麻面

桥台帽石与胸墙在混凝土灌注工艺上，均为一次成型、连续灌注，拆模时往往在靠近帽石部分的胸墙底部，屡次出现蜂窝麻面，既与《验标》的质量和外观相悖，又增加了架梁前对胸墙的修复工作量。具体如图 7—3 所示。

（1）原因分析

由于桥台的帽石与胸墙混凝土一次灌注成型，故其模型板也要一次支成，所以造成帽石与胸墙结合部的模板处于悬空状态(图 7—3)。当帽石混凝土灌注完成之后，继而转向胸墙部分，由于其体积不大，所以灌注速度相对较快，在分层灌注胸墙混凝土的底层尚未固化成型而上层新灌混凝土仍要振捣时，处于流塑状的底层混凝土，在自重以及振捣力的作用下，沿着胸墙与帽石模板的悬空部分，向外反溢混凝土。又由于施工过程中过早地清除帽石上的溢灰，致使胸墙内流塑状的混凝土失去依托而沿模板

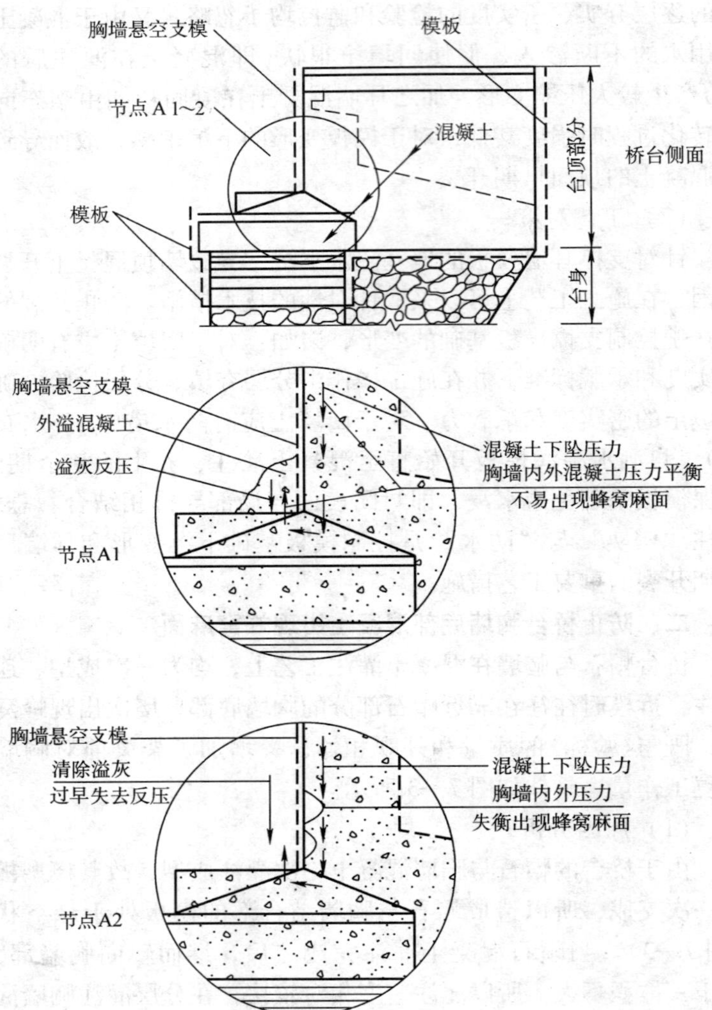

图 7—3　桥台胸墙底部出现蜂窝麻面

的悬空处流淌、下坠，最终形成蜂窝麻面。

（2）工艺对策

在灌注悬空支模部位的混凝土时，适时清除溢灰是消除胸墙蜂窝麻面的关键。所谓“适时”是指在清除溢灰的工艺上，胸墙混凝土的底部，即分层灌注的第一、二层，向外反溢较多，此时不要只顾及已灌好的帽石平整而立即清除或随溢随清，而是要保留溢灰一段时间，借以封闭模板悬空部位、对胸墙上层混凝土起到承托作用，随着灌注高度的增加、时间的延续，底层混凝土的终凝、固化、振捣作用的影响减少，混凝土反溢现象会逐渐消失，此时再进行溢灰清除、整修帽石，则可杜绝桥台胸墙底部的蜂窝麻面。

第八章　桥头路基填土与锥体护砌

第一节　工艺流程和施工质量重点提示

桥头路基填土与锥体护砌施工工艺流程和质量重点提示如图8—1所示。

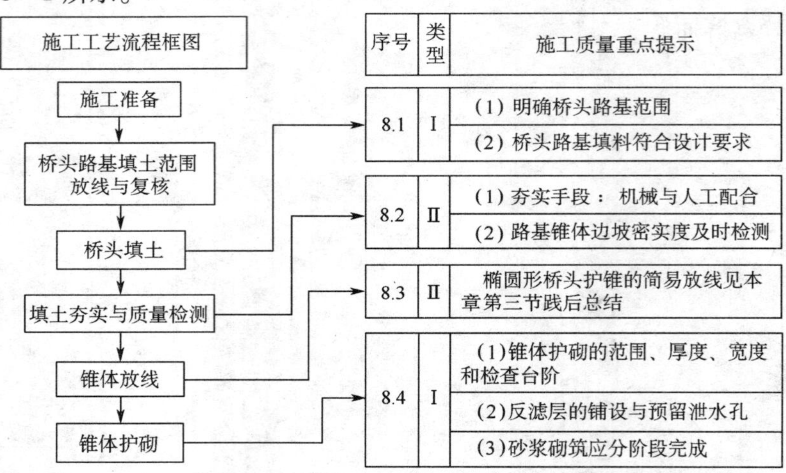

图8—1　桥头路基填土与锥体护砌施工工艺流程和质量重点提示

第二节　施工质量控制措施

与图8—1中施工质量重点提示序号、类型所对应的施工质量控制措施如表8—1所示。

表8—1　桥头路基填土与锥体护砌施工质量控制措施

序号	类型	提示内容	缘由与说明	控制措施
8.1	Ⅰ	(1)明确桥头路基范围	桥头路基属于路基工程，也是桥涵工程的薄	a. 桥头路基范围示意图如下。 b. 范围规定：桥台背后的上方长度不小于桥台高度 H 加 2.0 m 的范围

续上表

序号	类型	提示内容	缘由与说明	控制措施
8.1	Ⅰ	(1)明确桥头路基范围	弱部位，明确其范围在于引起施工重视，保证路、桥质量关键点的填土质量	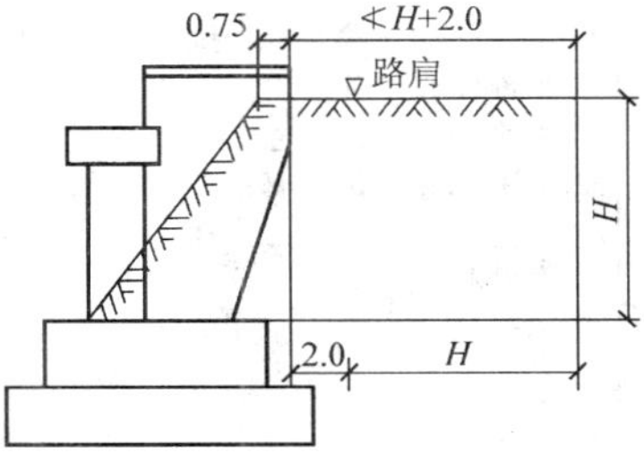 台后路基范围示意图(m)
		(2)桥头路基填料符合设计要求	填料对于保证密实度、不易积水、及时排出地表水至关重要	a. 台背填料以透水填料为首选 b. 在缺乏透水料的困难条件下，亦应符合设计要求和相关规范规定
8.2	Ⅰ	(1)夯实手段：机械与人工配合	保证桥头路基填土质量，不留任何质量死角	a. 机械碾压为首选 b. 机械不及之处可用小型夯机，小型夯机不及处则采用人工夯实
		(2)路基锥体边坡密实度及时检测	路、桥质量关键点，定量的检测数据尤显重要	a. 密实度检测点应选取边坡外缘、最具代表性的位置检测或取样 b. 刷坡后的边坡密实度应符合设计要求及《验标》规定
8.3	Ⅱ	椭圆形桥头护锥的简易放线	在确保锥体放线精确度的前提下，提高施工放线的工作效率	a. 桥台锥体放线采用椭圆方程计算曲线坐标的传统方法繁锁费时，工人在实践中使用的“土”办法则放线快捷、操作简单。 b. 椭圆形桥头护锥的简易放线见本章第三节践后总结

续上表

序号	类型	提示内容	缘由与说明	控制措施
8.4	I	（1）锥体砌筑的范围、厚度、宽度和检查台阶	保证桥头路基的稳固和准确的设计尺寸，满足维修单位日常检查作业的需要是施工企业的职业责任	a. 设计图有明确规定者以图为准，未规定者应查询标准图或规范要求 b. 砌筑厚度一般在设计图中均有标示 c. 一般的施工惯例是：砌筑范围与桥头路基范围一致、砌筑宽度≥桥头路基设计宽度、路肩标高处的护砌伸入台尾≮0.75 m、路堤高度大于3.0 m时应设检查台阶 d. 事前与建设或接管单位共同商定砌筑细节也是一种施工选择
		（2）反滤层的铺设与预留泄水孔	反滤层的两种技术功能往往在施工中被忽略，实践中不铺、少铺现象时有发生，最终在竣工验交时被发现，造成大量返工或经济补偿	a. 反滤层的技术功能：一是在铺砌工艺上便于找平砌体表面；二是在使用功能上阻塞遇水流失的土壤颗粒 b. 泄水孔的功能是排出锥体内的少量积水，施工中应在分层砌筑时预留 c. 反滤层应在锥体砌筑时边砌边铺并保证设计厚度
		（3）砂浆砌筑应分阶段完成	防止雨季锥体沉降、浆砌片石砌筑缝开裂影响桥头路基质量，是分阶段砌筑的初衷。因为桥头路基未经雨季，沉降变形尚未稳定之前的浆砌锥体开裂是普遍现象	a. 锥体边坡填土密实度达标 b. 先刷坡、后护砌 c. 先干砌，待经过雨季的锥体土方和护砌沉降变形稳定之后，再在干砌片石间用砂浆灌缝并调平砌体表面 d. 砂浆灌缝之后的勾缝处理，以凹缝为宜，凹缝较之凸缝在质量上不易脱落、美观耐久，在经济上节约砂浆、水泥，降低成本

第三节　践后总结

椭圆形桥头护锥的简易放线

1. 传统的锥体放线：一般采用椭圆形方程计算椭圆曲线纵坐标的方法。

桥台锥体护砌为1/4椭圆形，顺线路方向锥体坡度为1∶1称为椭圆短半轴 b，垂直线路方向为1∶1.5边坡称为长半轴 a。传统放线的方法是按椭圆形方程计算椭圆曲线的纵坐标。

（1）椭圆方程：

$$\frac{x^2}{a^2}+\frac{y^2}{b^2}=1$$

得

$$y=\frac{b}{a}\sqrt{a^2-x^2}$$

式中，x、y 为坐标系，a 为长半轴，b 为短半轴，具体如图8—2所示。

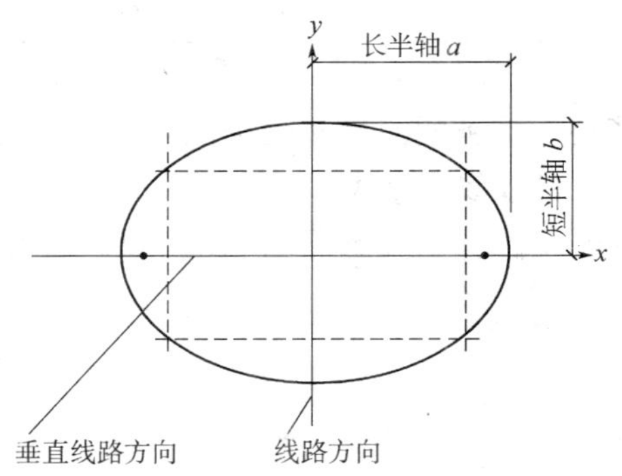

图8—2　椭圆示意图

（2）实例演算：

① 已知：$a=9$ m，$b=6$ m

② 求算 $x=1\sim9$ m 时相应的 y 值坐标。

③ y 值计算结果如表8—2所示。

表 8—2　y 值纵坐标(m)计算值

x（m）	b/a	a^2	x^2	a^2-x^2	$\sqrt{a^2-x^2}$	$y=\frac{b}{a}\sqrt{a^2-x^2}$
1	$\frac{6}{9}$	$9^2=81$	1	80	8.94	5.96
2			4	77	8.77	5.85
3			9	72	8.49	5.66
4			16	65	8.06	5.37
5			25	56	7.48	4.99
6			36	45	6.71	4.47
7			49	32	5.66	3.77
7.5			56.25	24.75	4.97	3.32
8			64	17.0	4.12	2.75
8.5			72.25	8.75	2.96	1.97
8.7			75.69	5.31	2.30	1.54
8.9			79.21	1.79	1.34	0.89
9			81	0	0	0

2. 椭圆形桥头护锥的简易放线

（1）桥头护锥放线的基本步骤：

绘制 1/4 椭圆 ⟶ 量测相应坐标 ⟶ 按坐标值放线

（2）绘椭圆图：

① 已知：

顺线方向短半轴 $y=6$ m；

垂直线路方向长半轴 $x=9$ m；

长短轴差 $\Delta=9-6=3$ m。

② 在坐标纸上标出 x_9 及 y_6 如图 8—3 所示。

③ 连线$\overline{y_6x_9}$，截取$\overline{y_6A}=\Delta=3$ m。

④ 作$\overline{Ax_9}$垂直均分线$\overline{zz}$，分别交 y 轴于 y'、x 轴于 x'；

⑤ 以 y'为圆心、$\overline{y'y_6}$为半径画弧$\overset{\frown}{y_6B}$，x'为圆心、$x'B$ 为半

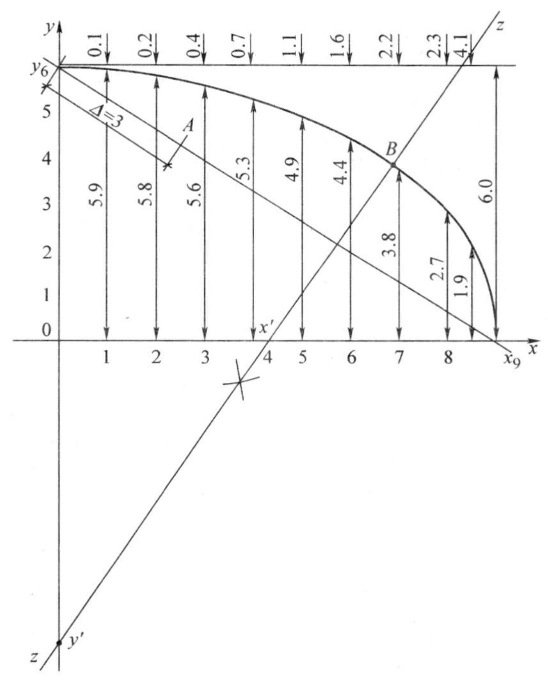

图 8—3　简易方法绘制 1/4 椭圆(m)

径画弧$\widehat{Bx_9}$，如图 8—3 所示；

⑥ 1/4 椭圆绘制完成后即可量测 $x_1 \sim x_9$ 对应的坐标值 $y_1 \sim y_9$；

⑦ 根据 $y_1 \sim y_9$ 纸上量测值即可对桥台护锥实地放线。

(3) 坐标 y 的计算值、纸上量测值的精确度对比，如表 8—3 所示。

表 8—3　计算与量测 y 值误差与精确度的对比

x	计算 y	量测 $y_{1\sim9}$	$y-y_{1\sim9}$	误差 $\lvert y-y_{1\sim9}\rvert/y$	注
1	5.96	5.9	0.06	1 %	
2	5.85	5.8	0.05	0.85 %	

续上表

x	计算 y	量测 $y_{1\sim9}$	$y-y_{1\sim9}$	误差 $\|y-y_{1\sim9}\|/y$	注
3	5.66	5.6	0.06	1%	
4	5.37	5.3	0.07	1.3%	
5	4.99	4.9	0.09	1.8%	
6	4.47	4.4	0.07	1.6%	
7	3.77	3.8	0.03	0.8%	
7.5	3.32	3.3	0.02	0.6%	
8	2.75	2.7	0.05	1.8%	
8.5	1.97	1.9	0.07	3.6%	误差偏大，但 <5%
8.7	1.54	1.5	0.04	3.0%	误差偏大，但 <5%
8.9	0.89	0.8	0.01	1%	
9	0	0	0	0	

（4）综上：椭圆形桥头护锥采用纸上绘图量测纵坐标的简易放线方法，与传统计算椭圆坐标方法相比较，前者方便快捷、量测 y 值最大误差3.6%，精确度满足施工要求，通过实践中多次应用并取得了预期效果。

第九章　现场预制后张法预应力混凝土标准梁

第一节　工艺流程和施工质量重点提示

现场预制后张法预应力混凝土（见本章第三节践后总结第一条）标准梁施工工艺流程和质量重点提示如图9—1所示。

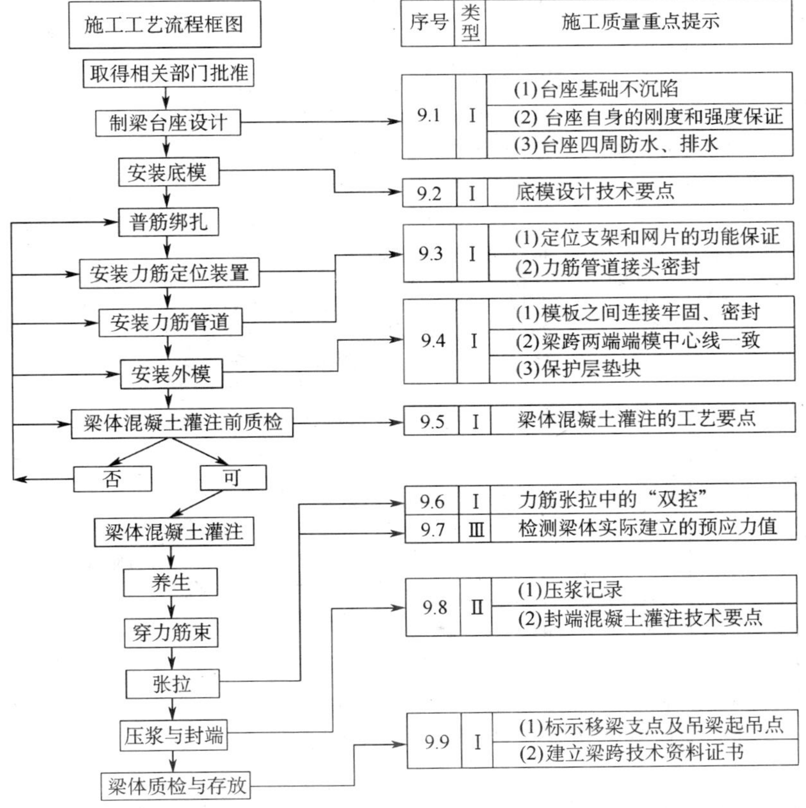

图9—1　现场预制后张法预应力混凝土标准梁施工工艺流程和质量重点提示

第二节　施工质量控制措施

与图 9—1 中施工质量重点提示序号、类型所对应的施工质量控制措施如表 9—1 所示。

表 9—1　现场预制后张法预应力混凝土标准梁施工质量控制措施

序号	类型	提示内容	缘由与说明	控制措施
9.1	I	(1)台座基础不沉陷 (2)台座自身的刚度和强度保证	防止台座和基础在灌注梁跨混凝土过程中发生变形、断裂和沉陷，危及梁跨质量和施工安全	a. 台座要有结构设计，根据灌梁不同工况的荷载变化和地基条件进行设计和计算，保证台座的使用功能 b. 台座预埋观测沉降的变形标志 c. 台座投产初期的全程监控、监测要有专人负责
		(3)台座四周防水、排水	防止积水浸泡、降低地耐力造成地基下沉	a. 台座四周有防水埝、排水沟防止雨水和养护水浸泡台座 b. 防水与排水是台座设计考虑的重要内容之一
9.2	I	底模设计技术要点	保证梁跨结构线型、减少底模在预应力张拉过程中的约束(减少预应力损失)	a. 梁跨底模预埋支座锚栓孔应为椭圆形，以满足张拉时混凝土弹性压缩的位移 b. 梁片底模支座锚栓间的跨度应大于设计跨度(预留张拉梁跨混凝土时的弹性压缩、混凝土的收缩等) c. 根据计算和统计数据设置梁跨预留拱(大跨梁应设反拱)
9.3	I	(1)定位支架和网片的功能保证	确保力筋设计位置(中线、竖向坐标、起弯半径)的准确	a. 根据管道布置适当缩小支架间距、减少管道下垂变形 b. 适当缩小网片净孔、减少管道自由间隙，确保设计位置 c. 支架定位准确、牢固
		(2)钢筋管道接头密封	防止灌注混凝土时管道漏浆	a. 接头搭接长度足够、连接牢固 b. 事前模拟试验、确认其可靠度 c. 参照其他成熟经验确定连接接头工艺参数
9.4	I	(1)模板之间连接牢固、密封	确保梁跨外形尺寸、线型符合设计要求	a. 螺栓连接间距适当 b. 螺母下设防止松动的弹簧垫 c. 板缝连接设密封条、黏结牢固
		(2)梁跨两端端模	端模是准确定位梁跨中线、力筋坐标	a. 端模按底模中线安装就位 b. 模板安装全程监控、及时纠偏

续上表

序号	类型	提示内容	缘由与说明	控制措施
9.4	Ⅰ	中心线一致	以及梁跨长度和跨度的关键	c. 模板安装完成经检查确认后、方可转入下道工序 d. 灌注混凝土梁跨的全过程，设专人监护模板形位尺寸
		（3）保护层垫块	梁跨保护层设计的厚度，依靠混凝土垫块作保证	a. 垫块混凝土等级不低于梁跨混凝土等级 b. 垫块设置事前应有设计和规划 c. 垫块布置原则为分布均匀、相互错开，不得贯通梁跨整个纵、横截面 d. 保护层的功能和厚度见本章第三节践后总结第二条
9.5	Ⅰ	梁体混凝土灌注的工艺要点	确保混凝土灌注工艺符合结构特点和质量要求	a. 梁跨混凝土灌注要有工艺设计 b. 根据梁跨混凝土数量和时限合理配置资源（混凝土供应、运输、振捣及人力配置） c. 梁跨设计的灌注工艺（分层或分段）符合结构的质量要求 d. 提前向操作者技术交底，是落实工艺要求的重要环节
9.6	Ⅰ	力筋张拉中的“双控”	确保梁跨实际建立的预应力值符合设计要求	a. “双控”是指力筋伸长值和张拉千斤顶油表读数二者共同控制预应力张拉值 b. 张拉设备事前校验和标定，确保计量准确 c. 力筋物理试验（实测直径、力学性能并疲劳试验）数据齐全、准确可信
9.7	Ⅲ	检测梁体实际建立的预应力值	掌控梁跨实际建立的预应力与设计值二者的量差符合规范要求，确保设计质量	a. “双控”是必要条件，实测值为充分条件 b. 抽样选择不同施工阶段生产的梁跨，检测其实际预应力值，掌握梁跨预应力质量状态 c. 依据抽样检测结果动态调控预应力的张拉工艺和预应力值
9.8	Ⅱ	（1）压浆记录	防止管道漏压、确保压浆后的力筋形成芯棒	a. 力筋按设计编号压浆 b. 压一束记录一束，做到不漏压 c. 压浆完成后再全面检查、确认
		（2）封端混凝土灌注技术要点	保证混凝土质量，确保梁端平整，梁跨长度符合设计要求	a. 混凝土振捣不能触及锚头 b. 封端混凝土模板密封、牢固、不变形、不跑模 c. 封端后及时养护保证混凝土质量

续上表

序号	类型	提示内容	缘由与说明	控制措施
9.9	Ⅰ	（1）标示移梁支点及吊梁起吊点	防止梁端悬臂过长致使梁跨上缘开裂	a. 梁跨拆模后即应标示支点和起吊点 b. 专人负责并确认
		（2）建立梁跨技术资料证书	如实记载梁跨施工过程以及竣工后各项技术数据，便于用户运营和维护	a. 严格按相关规定内容填写 b. 填写内容真实、及时 c. 记录制梁过程中出现的问题、处理措施和结果，并提出施工和运营中的注意事项 d. 严格控制预应力混凝土梁梁体表面裂缝见本章第三节践后总结第三条

第三节　践后总结

一、预应力混凝土

预应力混凝土目前分为全预应力混凝土（或称充分预应力混凝土）和部分预应力混凝土两种。前者为普遍使用的预应力技术，后者使用尚不普遍，部分预应力混凝土又分A类和B类两种。

(1) 全预应力混凝土

在最大使用荷载（设计）作用下，混凝土要保持预压状态，即梁跨下缘不出现（产生）拉应力，其抗裂安全度满足规范要求不小于1.2。

(2) 部分预应力混凝土

目的在于控制结构变形和裂纹的宽度与分布，发挥普筋和力筋作用，共同保证结构的极限强度。

① A类（混凝土不出现开裂）：

在使用期间不允许混凝土开裂，但允许有拉应力。

② B类（允许混凝土开裂）：

在使用期间允许混凝土开裂，但要控制裂缝宽度，其目的在于保证结构物普筋和力筋抗腐蚀的能力，力筋直径不同，控制裂缝宽度也不同（约为0.1～0.2 mm）。

二、保护层的功能和厚度

（1）保护层的功能

保护层具有保证钢筋黏结力、保护钢筋不受大气影响而锈蚀，确保结构物使用年限(即耐久性)的作用。耐久性是指结构物在满足设计要求下安全使用而无需大修的使用年限。

（2）保护层的相关规定

《铁路桥涵钢筋混凝土和预应力混凝土结构设计规范》(TB 10002. 3—2005)关于保护层的相关规定：

① 第5. 3. 2条规定，钢筋混凝土结构最外层钢筋的净保护层厚度不小于35 mm，并不得大于50 mm。

② 第6. 5. 3条规定，预应力钢筋或管道表面与结构表面之间的保护层厚度，在结构顶面和侧面均不应小于1倍管道直径，并不小于50 mm；在结构底面不应小于60 mm。

（3）保护层厚度的控制

多用混凝土垫块按混凝土灌注工艺要求规划布置，保证厚度符合设计要求，施工中严格规范要求，不得自行增减保护层厚度。

三、严格控制预应力混凝土梁体表面裂缝

《验标》第9. 4. 10条对于混凝土的主控项目要求：梁体挡砟墙、边墙、隔板、封端四部分的表面裂缝宽度不大于0. 2 mm。梁体其他部位不得出现裂缝(梁体表面收缩裂缝除外)。

（1）预应力混凝土梁由两种性质混凝土组成

① 预应力混凝土：梁跨设计计算的截面图式为T型、计算梁高为h如图9—2所示，图9—2中的阴影部分为梁跨的预应力混凝土。

② 非预应力混凝土：《验标》所指的挡墙、边墙(内边墙及端边墙)、隔板、封端四部分，属于梁跨非预应力混凝土，故其混凝土容许开裂，但应限制裂缝宽度，其中以挡砟墙混凝土开裂为主要、内边墙次之。

（2）非预应力混凝土开裂原因

施工阶段在预应力传力锚固以及混凝土徐变产生的上拱度，

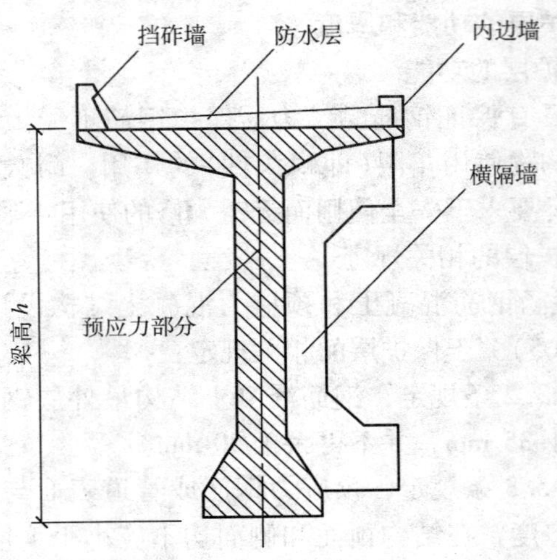

图 9—2　预应力混凝土 T 梁横断面示意图

是开裂的主要原因。为防止裂缝分布无序、宽度超标，设计要求对挡墙要间隔一定距离设置断缝隔离板，以达到开裂有序、宽度不超标。

在梁跨架设、铺轨等恒载和活载共同作用的运营阶段，梁跨的上拱趋势渐缓、裂缝也渐窄。

第十章　在膺架上制梁

第一节　工艺流程和施工质量重点提示

在膺架上制造通惠河桥连续梁(见本章第三节践后总结第一条)施工工艺流程和质量重点提示如图 10—1 所示。

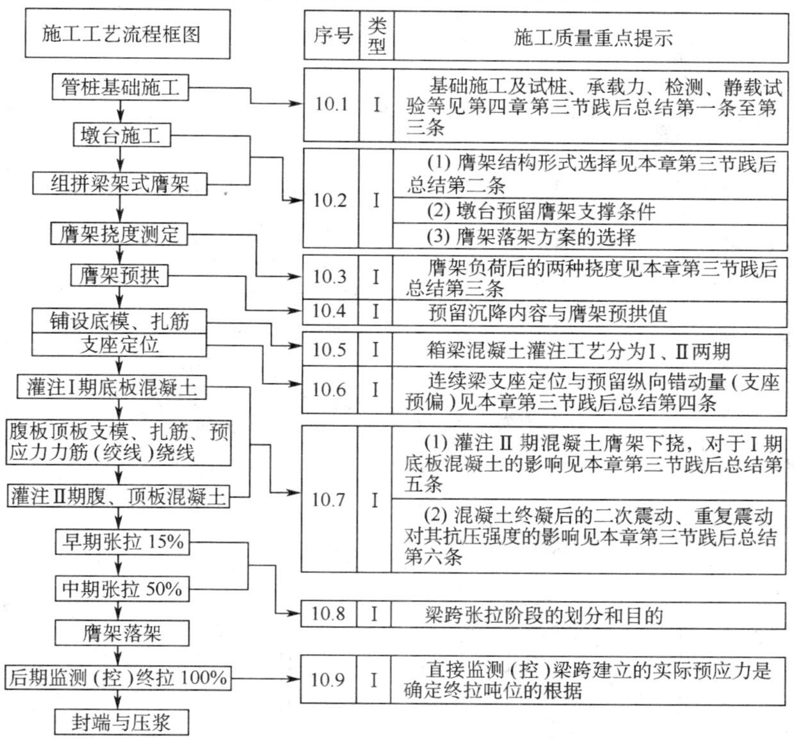

图 10—1　在膺架上制梁施工工艺流程和质量重点提示

第二节　施工质量控制措施

与图 10—1 中施工质量重点提示序号、类型所对应的施工质量控制措施如表 10—1 所示。

表 10—1　在膺架上制梁的施工质量控制措施

序号	类型	提示内容	缘由与说明	控制措施
10.1	I	基础施工及试桩、承载力检测、静载试验	超静定连续梁对桩的承载力和沉降，在设计上较之静定结构有严格规定	设计要求沉桩前须试桩和静载试验，以获取设计和施工数据。 有关基础施工及试桩、承载力检测、静载试验见第四章第三节践后总结第一条至第三条
10.2	I	（1）膺架结构型式的选择	适应地域条件、满足工艺需要	膺架结构型式的选择见本章第三节践后总结第二条
		（2）墩台预留膺架支撑条件	支撑稳固、便于掌控沉降变形	创造条件尽量利用墩台作为膺架支撑，技术上可靠、经济上合理
		（3）膺架落架方案的选择	砂筒落架的方法简单、同步且一次落成、到位。 砂筒用砂系过筛干燥的中砂，落架前严防砂筒浸水、排砂孔堵塞不严而漏砂（排砂孔直径 ϕ = 28 mm）	① 基本数据：中跨膺架最大挠度 f_1 = 126.5 mm、砂筒负荷下沉 f_2 = 10 mm，$\Sigma f = f_1 + f_2 = 136.5$ mm ② 设置砂筒高度 $h \nless 1.5\Sigma f$，取 245 mm ③ 检算： $\frac{h}{\Sigma f} = \frac{245}{136.5} = 1.8$ 砂筒立面示意图如下所示。 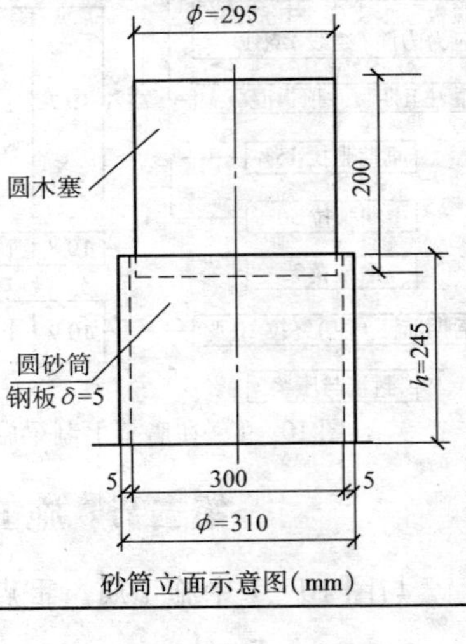 ϕ=295　200　圆木塞　圆砂筒　钢板 δ=5　h=245　5　300　5　ϕ=310 砂筒立面示意图(mm)

续上表

序号	类型	提示内容	缘由与说明	控 制 措 施
10.3	Ⅰ	膺架负荷后的两种挠度	螺栓组拼的梁式膺架，负荷后的公差挠度（栓孔与栓径公差）难以计算准确，而对结构预留拱度又非常关键	采用万能杆件组拼梁架式膺架负荷后的挠度有二： ① 弹性挠度：结构静力计算求得； ② 公差挠度：通过加载试验取得。 膺架负荷后的两种挠度见本章第三节践后总结第三条
10.4	Ⅰ	预留沉降内容与膺架预拱值	预留沉降的内容始自膺架支撑（托架）、砂筒、膺架负荷后下挠直至底模。只有对沉降内容考虑的全面完整、量值准确，才能保证箱梁下缘抛物线线型符合设计要求	预留沉降内容详示意图。 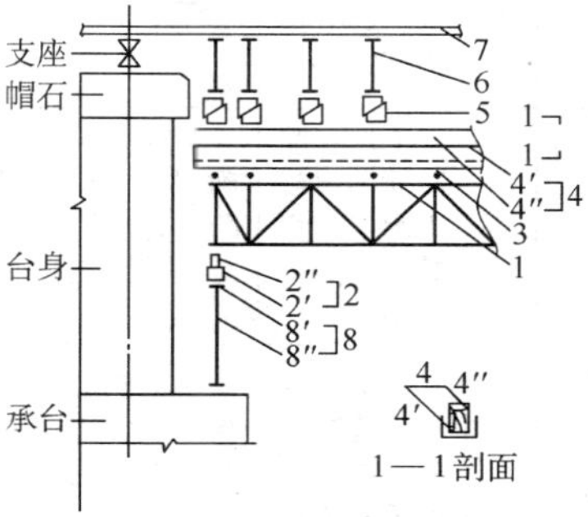 支座 帽石 台身 承台 7 6 5 1 1 4′ 4″ 4 3 1 2″ 2′ 2 8′ 8″ 8 4 4″ 4′ 1—1剖面 预留沉降示意图 ① 图中符号：1. 膺架；2. 砂筒（2.′钢制有底砂筒、2.″木塞）；3. 圆钢；4. 滑道（4.′槽钢、4.″方木）；5. 楔木；6. 调高木排架；7. 箱梁底模；3. 木排架（8.′帽木、8.″立柱） ② 预留沉降的量值：本桥采用以试验数据为主、计算为辅的预拱方案
10.5	Ⅰ	箱梁混凝土灌注工艺分为Ⅰ、Ⅱ两期	工艺编制原则： a. 符合结构设计的质量要求 b. 工艺标准符合规范规定 c. 工艺要求与施工水平相互匹配	① 尽量降低预应力混凝土的收缩和徐变： a. 少用水泥并保证强度 b. 减少拌合用水 c. 和易性要好、施工中增添塑化剂 ② 梁跨箱形断面分两期灌注成型，分期灌注示意见图10—11。 Ⅰ期先灌底板混凝土： a. 内模生根于混凝土底板、稳固可靠 b. 普筋定位牢固 c. 力筋绕线有依托、定位准确 d. 分两期成型的圬工数量相对较少，可以减缓Ⅱ期混凝土一次数量较多的压力

续上表

<table>
<tr><th>序号</th><th>类型</th><th>提示内容</th><th>缘由与说明</th><th>控制措施</th></tr>
<tr><td>10.5</td><td>Ⅰ</td><td>箱梁混凝土灌注工艺分为Ⅰ、Ⅱ两期</td><td>d. 资源配置(企业质量管理“软件”与施工设备“硬件”)满足工艺要求</td><td>e. 底板预留封口段、防止混凝土早期开裂
Ⅱ期灌注腹、顶板混凝土:
a. 一次灌注数量少、时间短
b. 操作条件可靠(Ⅰ期底板承托内模稳固)
c. 整体性好</td></tr>
<tr><td>10.6</td><td>Ⅰ</td><td>连续梁支座定位与预留纵向错动量(支座预偏)</td><td>保证梁跨建成后的支座功能,满足结构和运营需要
适应温度变化</td><td>有关支座布置、支座定位、支座预偏和工艺要点见本章第三节践后总结第四条</td></tr>
<tr><td rowspan="2">10.7</td><td rowspan="2">Ⅰ</td><td>(1) 灌注Ⅱ期混凝土膺架下挠对Ⅰ期底板影响</td><td>事前科学准确的技术判断,是制订混凝土灌注工艺的基础</td><td>Ⅰ期底板混凝土在膺架上负荷Ⅱ期混凝土之后则同步下挠,通过检算Ⅰ期混凝土拉伸变形可以作出是否开裂的判断,见本章第三节践后总结第五条</td></tr>
<tr><td>(2) 混凝土终凝后的二次或多次重复震动对其抗压强度的影响</td><td>事前搞清二次或重复震动对于混凝土的强度影响,是连续梁能否建成的质量关键</td><td>模拟试验能对混凝土二次或多次重复震动的强度影响作出定量判断。
有关模拟试验方法、数据和结论等见本章第三节践后总结第六条</td></tr>
<tr><td>10.8</td><td>Ⅰ</td><td>梁跨张拉阶段的划分和目的</td><td>① 掌握连续梁每个施工阶段的结构特点,是张拉阶段划分的关键和根据
② 质量目标和要求:
a. 梁跨建立的实际预应力符合设计要求
b. 梁跨有效预应力部位不出现裂纹</td><td>梁跨张拉阶段的划分和质量预期如下表:
<table>
<tr><th>序号</th><th>张拉阶段</th><th>要求混凝土强度</th><th>张拉力占设计张拉力</th><th>质量预期</th></tr>
<tr><td>1</td><td>早期</td><td>40%</td><td>10%~20%</td><td>防止混凝土早期收缩开裂</td></tr>
<tr><td>2</td><td>中期</td><td>80%</td><td>50%</td><td>梁跨可承担自重之后落架,形成受力明确的连续梁</td></tr>
<tr><td>3</td><td>后期</td><td>100%</td><td>100%并适当超张拉</td><td>克服摩阻损失;减少力筋松弛,监测梁跨主要截面应变,保证设计预应力</td></tr>
</table></td></tr>
</table>

续上表

序号	类型	提示内容	缘由与说明	控制措施
10.9	I	直接监测（控）梁跨建立的实际预应力，是确定最终张拉吨位的根据	① 规范规定后张预应力混凝土梁跨结构，对预应力筋的预施应力，以应力控制为主、力筋伸长值做为校核。对于梁跨混凝土实际建立的预应力值，则未作明确要求和规定。 ② 鉴于本桥预应力混凝土连续梁的新工艺、新结构，有必要掌控其控制截面实际建立的预应力量值，因为这是验证设计和施工质量，动态调控张拉吨位、确保梁跨首建成功的关键	为确保国内首座集中强大钢丝束预应力体系连续梁的建成，对力筋的预施应力除按规范规定的内容监测（控）外，尚有如下质量控制措施： ① 监测梁跨实际建立的预应力（当时用手持式应变仪），在预施应力过程中，直接测试梁跨控制截面的上、下翼缘应变，计算其实际建立的预应力值与设计值对照，确保预应力量值符合设计要求； ② 以控制载面实际建立的预应力值作为后期张拉 100 %、调整最终张拉吨位的依据； ③ 后期张拉 100 %结束后，再次测试混凝土应变，确认控制截面实际预应力符合设计要求之后，后期张拉工序结束

第三节　践后总结

一、北京枢纽十字疏解线通惠河桥预应力混凝土三跨连续梁

北京枢纽通惠河桥为 26.7 m + 40.7 m + 26.7 m 三跨预应力混凝土连续梁，预应力采用集中强大钢丝束（德国莱翁哈特预应力体系），该桥管桩基础于上世纪 60 年代建成，梁跨于上世纪 70

年代中期建成，80 年代开通运营。

本桥桥式的选择，主要根据 1959 年中国、前苏联、波兰、原东德四国铁路专家莫斯科会议所达成的协议——大跨度预应力钢筋混凝土桥梁的研究，这一专题是由我国负责的科研交流项目。

连续梁为单线梁、箱形截面、双线桥，采用集中强大钢丝束的预应力工艺在国内属于首次施工，其特点是全部预应力钢筋(力筋)是以 $7-\phi_3$ 钢绞线连续绕梁 234 周，集中置于箱梁腹板中的特制钢套管之中(竖向 18 层、横向 13 行)。绞线锚固在梁端的张拉块锚槽之中，使全桥形成一个闭合的张拉环，借助张拉块与梁端之间卧式千斤顶双向加力张拉，实现梁跨的预应力，之后再进行封端、压浆。梁跨侧立面如图 10—2 所示。图 10—3 ~ 图 10—9 为通惠河桥施工时及运营后的照片。

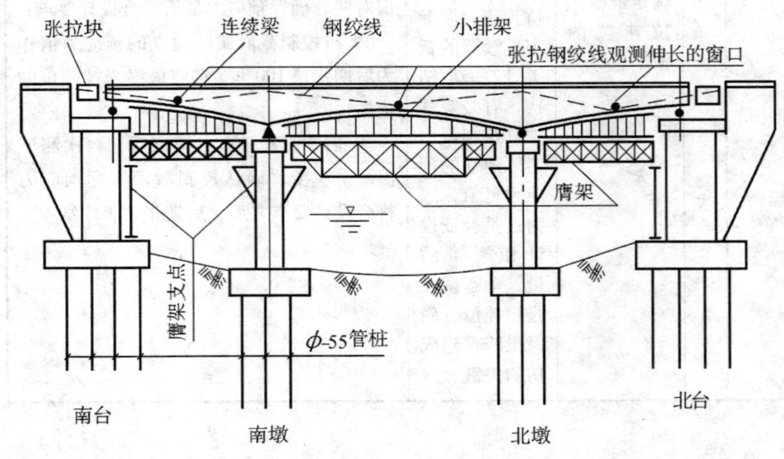

图 10—2　通惠河桥 26.7 m + 40.7 m + 26.7 m 三跨预应力混凝土连续梁桥

通惠河桥在膺架上预制箱形连续梁的工艺流程、质量控制要点和措施，诸如：膺架选型、膺架负荷后的挠度、连续梁支座预留纵向错动量(预偏)、混凝土箱梁二次成型工艺以及二次或多次重复震动对混凝土的强度影响等施工技术问题，结合本桥的施工实践和工艺试验，将分别在本节第二条至第六条予以简要介绍和说明。

图 10—3　连续梁边跨膺架
（采用万能杆件组拼）

图 10—4　调整连续梁下缘曲线
线形的木制小排架

图 10—5　梁端张拉块

图 10—6　特制钢套管中的下 $7\phi_3$ 钢绞线

图 10—7　边跨绞线张拉时的观测窗

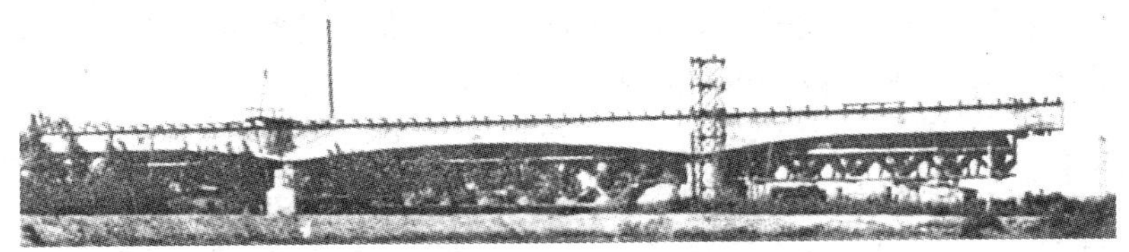

图 10—8 通惠河桥 26.7 m + 40.7 m + 26.7 m
三跨连续梁 1975 ~ 1976 年竣工

图 10—9 通惠河桥连续梁建成后通车运营

二、膺架结构型式的选择

(1) 膺架

① 施工技术内涵：

施工中用以撑托结构构件（未形成独立结构体系）的临时支撑物称为膺架，一旦工程竣工或某一工程阶段结束，膺架则要移走或拆除。

② 膺架材料：

根据撑托结构不同，其材料有竹材、木材和钢材等。

③ 膺架的支撑型式：

分为撑柱式（满布立柱式支撑）和梁架式两种，前者多用于工民建等无水环境，后者常用于跨越交通线、河川及深谷等。膺架负荷后的挠度计算，前者计算较为简便、精度也较准确，而后者由于梁架结构不同（铆、焊梁或组拼式拆装梁），其计算方法、考虑因素和精准度等则大不相同，为了满足工艺需要，往往要对膺架加载试验，以获取准确的膺架挠度值。

（2）膺架的结构型式

通惠河桥跨越的主河槽不通航，水深 2 ~ 3 m，故选用梁架式膺架，膺架采用万能杆件、粗制螺栓组拼成钢桁梁，边跨桁高 2.0 m、中跨 4.0 m。膺架长度的调整，采用自制非标准钢构件配置于桁梁两端，以满足施工所需膺架的梁长和跨度。

膺架桁梁顶面设于同一水平面，连续梁下缘抛物线线型系由高度各异的木制小排架构成，小排架上铺设底模，并用楔木微调高度，即可形成设计的曲线线型。膺架、小排架和梁跨示意等见图 10—2。

三、膺架负荷后的两种挠度

桁架弦杆和立柱由节点钣通过粗制螺栓组拼成型，螺栓直径为 $\phi = 27$ mm、螺孔孔径 $\phi = 28$ mm，二者间隙 $\Delta = 1$ mm 称作组拼公差(简称公差)。组拼成型的膺架桁梁，其计算挠度有二：一是弹性挠度，即一般焊接、铆接钢结构以及各种型钢负荷后的弹性下挠变形；二是公差挠度，即由间隙 Δ 造成的塑性挠度。

对于弹性挠度的计算精度和结果一般能够满足施工的工艺需要，而公差挠度难以计算准确，因为桁梁在组拼、纵拖和横移等施工和架设过程中，螺栓与钉孔间的原始位置已发生调整和变化，即结构组拼公差的塑性变形(挠度)已有发生，加之人工组拼时对于紧固螺栓的用力程度不尽一致、情况多样，在计算其挠度时，难以找到计算挠度的原始位置(即挠度的计算零点)，故组拼膺架的负荷挠度难以准确计算其量值，这给膺架预留施工沉降带来困难。

准确预留膺架负荷后的沉降，对于满足设计要求的梁跨线型、确保力筋坐标正确、判定箱梁混凝土两次成型的相互影响等至关重要，对于本桥连续梁首次采用的新技术、新工艺能否建设成功更是关键。

经科研协作单位研究，本桥最终采用膺架加载的挠度试验，以获取负荷与挠度的相关数值，施工中以试验数据为主、计算为辅，预留膺架沉降量，竣工后的梁跨线型与设计吻合，取得了预期的质量效果。

四、连续梁支座定位和预留纵向错动量（支座预偏）

混凝土连续梁由于在桥位上现浇，故梁跨支座与梁跨底模铺设，应同时完成定位和预留梁跨纵向错动量（预偏）等两项工作。支座定位目的在于明确连续梁的设计跨度，预偏的目的在于保证活动支座纵向的转动（摆动）方向、幅度及其位置等设计功能，其位置应始终符合并满足连续梁在施工和运营阶段梁跨结构纵向的伸缩变化和位移等要求。

（1）支座布置

本桥南墩 B 为固定支座，其余皆为活动支座。支座布置如表 10—2 所示。

（2）支座定位

将活动和固定支座的下板，按设计跨度和位置安装、固定在墩台垫石上的工序操作，称为支座定位。

（3）支座预偏（即规范中明确的预留纵向错动量）

对活动支座的上摆，按照当时施工具体情况（温度、预应力、脱架以及混凝土收缩和徐变等）计算的偏移值 Δ（纵向预留错动量），沿梁跨纵向将其临时锁定，称为支座预偏。具体如图 10—10 所示。在上摆预偏的同时，摆间的摇轴也随着上摆的错动方向和位置，作出相应的跟进转动，并对完成预偏的活动支座电焊定位、临时锁定。

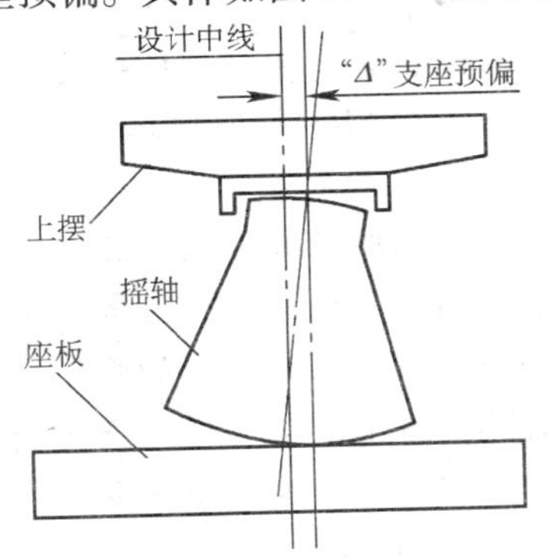

图 10—10　活动支座预偏示意图

（4）支座预偏的工艺要点

预偏计算、预偏操作、预偏后临时锁定等均应严格复核与确认，待梁跨预应力张拉前，再全部解除活动支座的约束（电焊定位的临时锁定）以恢复支座的结构功能。

（5）影响支座预偏的相关内容和计算结果（表 10—2）

表 10—2　支座预偏相关内容与计算结果汇总表

序号	项目 \ 支座编号 \ 梁跨示意	A		B		C		D	
	梁跨示意	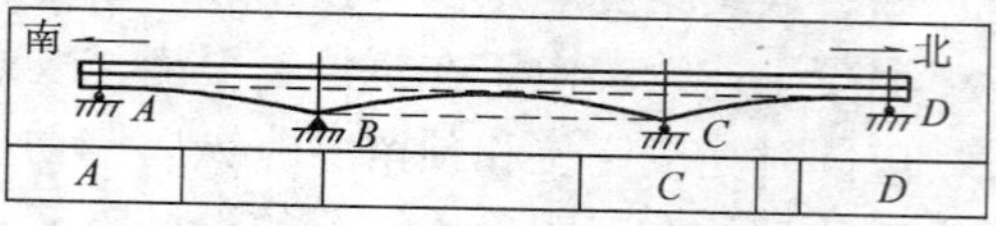							
1	预应力弹性压缩		0.776 9 →			1.461 ←		2.065 ←	
2	梁跨落架后自重伸长	0.014 2 ←					0.156 →		0.101 2 →
3	混凝土收缩		0.063 3 →			0.126 5 ←		0.189 9 ←	
4	混凝土徐变		0.776 9 →			1.461 ←		2.065 ←	
5	温差影响	0.227 ←					0.346 →		0.572 →
6	运营活载影响	不计				不计		不计	
7	∑1～6 合计（梁跨变化方向）		1.376 →			2.547 ←		3.646 ←	
8	支座施工预偏 Δ	1.376 ←					2.547 →		3.646 →

注：1. 表中预偏尺寸以 cm 计；

2. 支座位移方向均以支座垂直状态为零计算。

五、灌注Ⅱ期混凝土，膺架下挠对于Ⅰ期底板混凝土的影响

由于Ⅱ期腹顶板混凝土增载造成膺架下挠，对于已成型Ⅰ期底板混凝土有否负面影响？箱梁混凝土两期成型是否可行？事前对其技术上的可行性应作出科学的判断。

（1）箱梁混凝土两期（次）成型的施工工艺

Ⅰ期混凝土灌注箱梁底板（封口段除外），Ⅱ期混凝土则灌注全桥腹、顶板及底板封口段混凝土，如图 10—11 所示。Ⅰ、

Ⅱ两期混凝土时间间隔约 40 ~ 50 d。

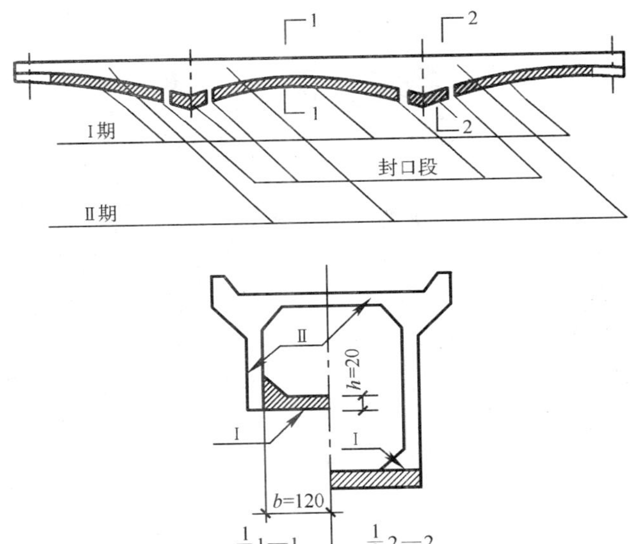

图 10—11 膺架上现浇预应混凝土箱形连续梁工艺顺序(cm)

(2) 灌注Ⅱ期混凝土，中跨膺架下挠情况

① Ⅰ期底板混凝土膺架弹性挠度：17.1 mm；

② Ⅱ期腹、顶板混凝土膺架弹性挠度：39.6 mm；

③ Ⅰ、Ⅱ期混凝土造成中跨跨中底板的相对弹性挠度：$f_1 = 39.6 - 17.1 = 22.5$ mm；

④ 由于公差引起的相对挠度即公差挠度：$f'_1 = 13.6$ mm；

⑤ 中跨跨中底板相对挠度之和：$f_2 = f_1 + f'_1 = 22.5 + 13.6 = 36.1$ mm。

(3) 计算中跨底板混凝土相对变形

① 混凝土的极限拉伸变形：

a. 混凝土极限拉伸变形一般为 $\varepsilon = 0.000\,1 \sim 0.000\,15$；

b. 500 号混凝土弹性模量 $E_c = 3.5 \times 10^4$ MPa、极限抗拉强度

$f_t = 3$ MPa

$$\because f_t = \varepsilon_{hl} \cdot E_c$$

$$\therefore \varepsilon_{hl} = \frac{f_t}{E_c} = \frac{3}{3.5 \times 10^4} = 0.000\,085\,7$$

综上，中跨底板 ε 计算值若 $\leqslant \varepsilon_{hl} = 0.000\,085\,7$，则不会出现开裂现象。

② 计算中跨混凝土底板相对变形 ε：

本桥中跨 I 期底板实灌混凝土 $l' = 32$ m、膺架跨度 $l = 38$ m，如图 10—12 所示，惟计算跨中最大弯矩和挠度时较为繁琐。而图 10—13 所示的计算结果较图 10—12 偏大约 2.5 %～3.0 %，又因其计算简便故近似地采用图 10—13 的计算图式。底板相对变形可采用下式计算。

$$\varepsilon = \frac{48 f_{max}}{5 l^2} \cdot y$$

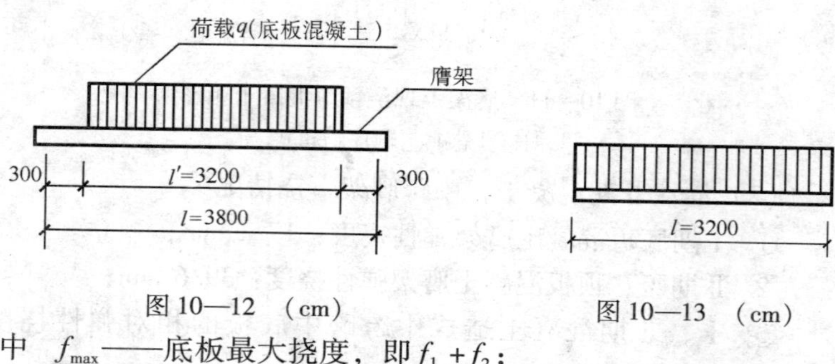

图 10—12 （cm）　　图 10—13 （cm）

式中 f_{max}——底板最大挠度，即 $f_1 + f_2$；

l——图 10—13 所示膺架跨度与荷载分布跨度；

y——中性轴至截面边缘距离。

得

$$f_{max} = f_1 + f_1' = 36.1 \text{ mm} = 3.61 \text{ cm}$$

$$l = 32.0 \text{ m} = 3\,200 \text{ cm}$$

$y = h/2 = 10$ cm（图 10—11，h 为底板厚 20 cm）。

公式 $\varepsilon = \dfrac{48 f_{max}}{5 l^2} \cdot y$，推导过程如下：

均布荷载简支梁跨中最大挠度 $f_{max}=\frac{5ql^4}{384EI}=\frac{5l^2}{48}\cdot\frac{ql^2}{8EI}$

得
$$\frac{48f_{max}}{5l^2}=\frac{ql^2}{8EI}$$

$$\because \sigma=\frac{M_{max}}{I}\cdot y$$

$$M_{max}=\frac{ql^2}{8}$$

$$又\because \varepsilon=\frac{\sigma}{E}$$

$$\therefore \varepsilon=\frac{M_{max}/I\cdot y}{E}=\frac{M_{max}\cdot y}{EI}$$

$$\varepsilon=\frac{ql^2/8\cdot y}{E\cdot I}$$

即
$$\varepsilon=\frac{48f_{max}}{5l^2}\cdot y$$

将相关数据代入公式则 $\varepsilon=\frac{48\times3.61\times10}{5\times3\ 200^2}=0.000\ 034<\varepsilon_{hl}=0.000\ 085\ 7$，其安全度 $K=\frac{\varepsilon_{hl}}{\varepsilon}=\frac{0.000\ 085\ 7}{0.000\ 034}=2.52$

根据上述计算，底板相对变形计算值与容许值相比，保有2.5倍安全度，据此作出以下判断：本桥Ⅱ期腹、顶板混凝土灌注时，Ⅰ期底板混凝土在下挠3.61 cm之后不会产生早期开裂。

（4）实践结果

膺架在Ⅰ、Ⅱ期混凝土灌注后实测挠度、计算挠度及其误差等对比情况如表10—3所示。

表10—3　膺架变形情况汇总表

项目 / 编号 / 加载情况	计算值(mm)			实测值	比差	
	$f_{1弹}$	$f_{1公差}$	f_2	$\sum f$(mm)	量值	误差率
	①	②	③＝①＋②	④	⑤＝④－③	⑥＝|⑤|/④
Ⅰ期底板混凝土加载	17.1	75.6	92.7	90	－2.7	3％

续上表

加载情况 \ 项目 编号	计算值(mm) $f_{1弹}$ ①	$f_{1公差}$ ②	f_2 ③=①+②	实测值 $\sum f$(mm) ④	比差 量值 ⑤=④-③	误差率 ⑥=|⑤|/④
Ⅱ期腹顶板混凝土加载	39.62	89.2	128.82	126.5	-2.32	1.8%
相对变形(Ⅱ期减Ⅰ期加载后变形)	22.52	13.6	36.12	36.5	0.38	1%

从表10—3中对比可以得出以下结论:

① 膺架变形计算值与实际观测值二者误差率为1%~3%,满足施工精度需要,且膺架落架、拆除底模后未见底板出现裂纹;

② 实践证明:在膺架上分期灌注混凝土箱梁,控制先期底板混凝土相对变形 $\varepsilon < 0.0001$,则底板混凝土不会出现裂纹。

六、混凝土超出终凝后的二次震动、重复震动对其抗压强度的影响

(1) 二次或重复震动与混凝土抗压强度相关性的试验

通惠河桥混凝土箱形连续梁分两次成型如图10—11所示,Ⅰ期为底板混凝土、Ⅱ期为腹板和顶板混凝土共计300 m^3,工艺要求一气呵成。由于腹板尺寸较小,中间又有力筋钢套管(内装 $7\phi_3$ 钢绞线 18×13=234 根),且振捣困难,预计混凝土灌注时间约为24 h。其间早期入模的混凝土已大大超出其终凝时间,而强度发育尚不完全,势必受到后期乃至末盘混凝土的震动影响,至于对混凝土的强度有无影响、影响程度均需在事前作出科学判断,以确保梁跨混凝土质量符合设计要求,满足《验标》的规定。

为获取二次或重复震动对混凝土强度的影响,决定进行模拟试验。试验专门制作多组混凝土试件(20 cm×20 cm×20 cm

试件 19 组计 57 块)，分别在震动台上进行二次和多次重复震动，之后通过其抗压强度得出二者的相关关系。有关混凝土试件的基本资料见表 10—4，不同震动方式的试件强度见表 10—5。

表 10—4　混凝土试件的基本资料汇总表

<table>
<tr><th colspan="2">项　　目</th><th colspan="2">内　　容</th><th>注</th></tr>
<tr><td colspan="2">试件制作日期</td><td>1974. 9. 3</td><td>1974. 9. 4</td><td></td></tr>
<tr><td colspan="2">组别</td><td>第Ⅰ组</td><td>第Ⅱ组</td><td>每组 3 块试件</td></tr>
<tr><td colspan="2">试件编号</td><td>1 ~ 8</td><td>9 ~ 19</td><td>总计 19 组</td></tr>
<tr><td colspan="2">尺寸(cm)</td><td colspan="2">20 × 20 × 20</td><td></td></tr>
<tr><td colspan="2">养生条件</td><td colspan="2">标养</td><td></td></tr>
<tr><td rowspan="7">混凝土试件</td><td>骨料</td><td colspan="2">中河砂、破碎卵石</td><td></td></tr>
<tr><td>配合比</td><td colspan="2">1∶1. 85∶3. 02</td><td></td></tr>
<tr><td>混凝土等级</td><td colspan="2">500 级</td><td></td></tr>
<tr><td>水泥品种</td><td colspan="2">抚顺硅酸盐 600[#]水泥</td><td>初凝 5h40 min 终凝 6h55 min</td></tr>
<tr><td>水灰比</td><td>0. 43</td><td>0. 397</td><td></td></tr>
<tr><td>坍落度(cm)</td><td>7 ~ 8</td><td>2 ~ 3</td><td></td></tr>
<tr><td>塑化剂密度</td><td colspan="2">1. 5 kg/m³</td><td>有效物质</td></tr>
<tr><td rowspan="5">使用设备</td><td>① 震动台</td><td colspan="2">自同步电动混凝土震动台</td><td rowspan="4">路局设备</td></tr>
<tr><td>a. 频率</td><td colspan="2">2850 次/分(47. 5Hz)</td></tr>
<tr><td>b. 功率</td><td colspan="2">1 马力(735. 5W)</td></tr>
<tr><td>c. 振幅</td><td colspan="2">0. 35 ~ 0. 57 mm</td></tr>
<tr><td>② 压力机</td><td colspan="2">500 t</td><td>铁研院设备</td></tr>
</table>

(2) 混凝土试件震动次数与强度汇总(表 10—5)

(3) 二次或重复震动对混凝土强度的影响曲线

① 二次震动对混凝土强度的影响曲线如图 10—14 所示。

表 10—5　混凝土试件震动次数与强度汇总表

序号	震动间隔/累计		试件Ⅰ计 8 组　1974. 9. 3								试件Ⅱ计 11 组　1974. 9. 4											附　注
	批次 / 震动类别		一次	多次震动			二次震动				二次震动				一次	多次震动						
	试件号		1	3	4	5	2	6	7	8	9	10	11	12	13	14	15	16	17	18	19	
1	0 h	0 h	▲	△	△	△	△	△	△	△	△	△	△	△	▲	△	△	△	△	△	△	试件首次震动完成
2	1.5 h	1.5 h		△	△	△	△									△	△	△	△	△	△	
3	1.50 h	3.0 h		△	△	△		△								△	△	△	△	△	△	
4	2.50 h	5.5 h			△	△			△							△	△	△	△	△	△	水泥初凝时间 5h40min
5	1.50 h	7.0 h				△				△						△	△	△	△	△	△	水泥终凝时间 6h55min
6	1.50 h	8.5 h															△	△	△	△	△	
7	3.50 h	12.0 h									△							△	△	△	△	
8	9.00 h	21.00 h										△							△	△	△	
9	3.00 h	24.00 h											△							△	△	
10	11.5 h	35.50 h												△							△	
11	震动次数		1	3	4	5	2	2	2	2	2	2	2	2	1	5	6	7	8	9	10	震动时间 30 ~ 60s
12	混凝土强度(MPa)		34.9	45.5	45.6	54.7	36.4	41.7	42.2	45.0	53.0	42.9	50.5	49.2	46.5	63.0	53.7	56.5	56.5	57.4	61.9	取自 15 天后抗压强度 f_c
13	与一次震动比率△/▲		1.0	1.3	1.31	1.57	1.04	1.19	1.21	1.29	1.14	0.92	1.08	1.06	1.0	1.35	1.16	1.22	1.22	1.23	1.33	△/▲称为强度比率

说明：

① 表中▲为一次震动，△为二次或多次重复震动；

② 试件Ⅰ、Ⅱ两组为隔日制作，水灰比与坍落度不同，15 天令期的混凝土抗压强度平均值第Ⅰ组为 $\bar{f}_c = 43.25$ MPa、第Ⅱ组为 $\bar{f}_c = 51.74$ MPa；

③ 为使两组试件的统计强度连续，具有可比性，故将强度转换为比率，即以当日一次震动强度▲与二次或多次震动强度△相比，比率 = △/▲；

④ 二次与多次震动混凝土强度变化曲线见图 10—14 和图 10—15；

⑤ 混凝土设计抗压强度为 50 MPa。

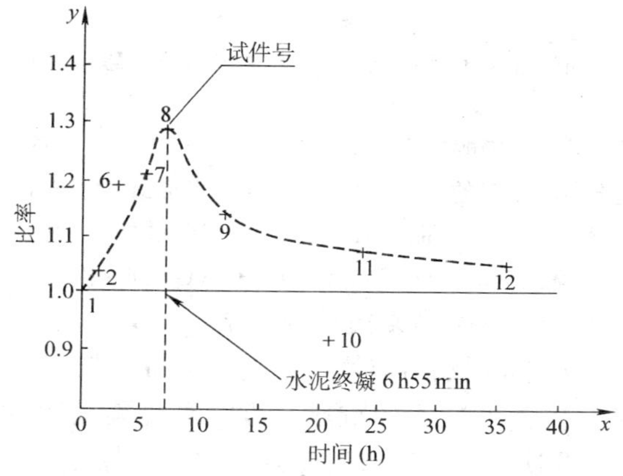

图 10—14　二次震动对混凝土强度影响曲线

注：

① 二次震动的试件共 8 组（2#、6#、7#、8#、9#、10#、11#和 12#），一次震动的试件为 1#及 13#；

② 二次震动的 10#试件，其强度比率 <1，其余试件则为 1.04 ~1.29；

③ 强度比率峰值在混凝土终凝期附近，其后则逐渐衰减，但 12#试件强度仍高于 13#试件 6 %(△/▲ =49.2/46.5 =1.06)。

② 多次重复震动对混凝土强度的影响曲线如图 10—15 所示。

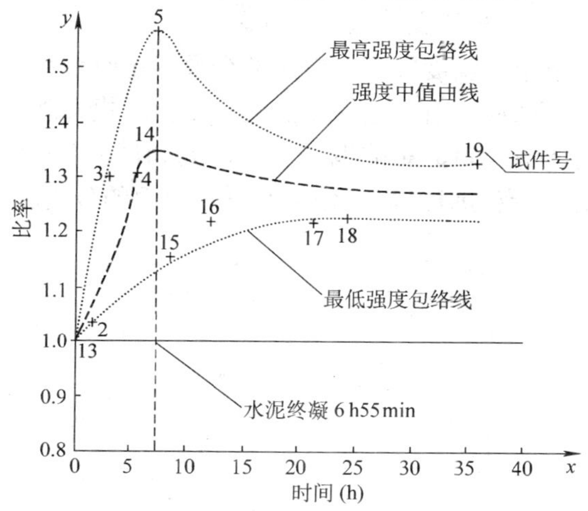

图 10—15　多次重复震动对混凝土强度影响曲线

注：

① 重复震动的混凝土试件共9组（3# ~5#、14# ~19#），依其强度比率绘出最高及最低包络线及中值线；

② 重复震动的增强幅度为1.16~1.57（15# ~5#）；

③ 混凝土强度比率的峰值从图10—15三条曲线可以看出，其中两条在混凝土终凝期附近，中值曲线峰值为1.35（14#试件），其后强度增长比率逐趋衰减，但衰减后的强度比率仍高于13#试件（即一次震动的试件）。

（4）混凝土二次或重复震动的小结

① 二次或重复震动可以增加混凝土的抗压强度：

本次试验仅为混凝土的抗压强度，重复震动次数最多者为19#试件共达10次之多，距混凝土入模时间间隔已达35 h，而其强度增长比率则达1.33，见表10—5及图10—15。

② 二次或重复震动混凝土增强的原因分析：

试验时观察二次或重复震动的混凝土试模发现：试模内混凝土游离水上浮、混凝土表面下沉低于钢模。这说明混凝土中汽泡减少使其密实度提高，初步分析发现这是混凝土强度较之一次震动增强的主要原因。

③ 二次或重复震动混凝土的负面影响尚未发现。

④ 有待进一步研究、探讨的问题：

由于混凝土密实度提高，对于减少混凝土收缩和预应力混凝土徐变等正面效应，有待进一步试验和量化，提升理性认识并阐明机理；对其有无负面影响也应深入研究和试验（因为本次未涉及混凝土的抗折和抗拉）以求作出科学、全面的分析和结论。

第十一章　悬臂式架桥机架设预应力混凝土梁

第一节　工艺流程和施工质量重点提示

悬臂式架桥机架设预应力混凝土梁的施工工艺流程和质量重点提示如图 11—1 所示。

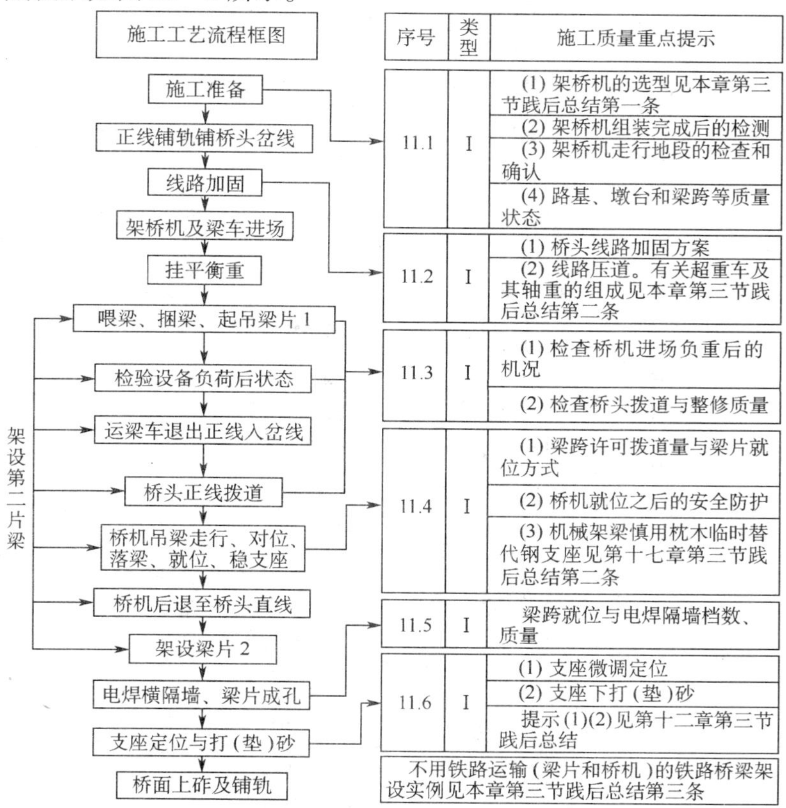

图 11—1　悬臂式架桥机架设预应力混凝土梁施工工艺流程和质量重点提示

第二节　施工质量控制措施

与图 11—1 中施工质量重点提示序号、类型所对应的施工质量控制措施如表 11—1 所示。

表 11—1　悬臂式架桥机架设预应力混凝土梁施工质量控制措施

序号	类型	提示内容	缘由与说明	控制措施
11.1	Ⅰ	(1) 架桥机的选型	应以技术上适用、经济上合理为原则	有关选择桥机应考虑的基本要素和技术条件、性能等见本章第三节践后总结第一条
		(2) 架桥机组装完成后的检测	机组人员确保机况正常运转，是架梁安全的关键	a. 中央铰至轨面的距离不小于 6.0 m b. 铰中心与桥机机身纵横中心线左右偏差 <10 mm、前后偏差 <30 mm c. 前后大臂空载偏头量不大于 50 mm d. 机械运转正常
		(3) 桥机走行地段的检查和确认	空载走行是检验组装质量的重要标准，也是保证走行安全的关键	a. 掌握空载走行时桥机高度和宽度并严格限速 b. 走行地段清障与保证限界 c. 路基密实度是否满足要求、要否加强 d. 线路整修达标
		(4) 路基、墩台和梁跨等质量状态	路基、墩台和梁跨是桥机架梁的走行通道，是桥涵工程的下部结构。只有路基、墩台、梁跨等质量合格才能保证架梁安全。也只有梁跨架设(安装)的质量达标，才是合格的单位工程	① 路基： a. 填料及填高 b. 分层密实度 c. 台后碾压方法及密实度 d. 是否已经过雨季 e. 路基建成与架梁的间隔及其沉降量 ② 墩台： a. 实际中线、高程与设计偏差汇总表 b. 垫石面弹出支座轮廓墨线 c. 梁端间隙、支座锚栓孔的尺寸和位置要否调整 d. 垫石混凝土表面平整、密实，若有两层皮和空鼓现象应提前处理 ③ 梁跨： a. 了解尺寸误差 b. 尺寸相近者规划其配对 c. 外观、配件及出厂合格证

续上表

序号	类型	提示内容	缘由与说明	控制措施
11.2	Ⅰ	（1）桥头线路加固方案（以130-58-3桥机、架设31.7 m混凝土梁最大轴重439 kN为例）	架桥机架梁的最大轴重，既是确定线路加固方案、又是确定压道强度（单机或组成超重车）唯一的技术依据	a. 枕下砟厚不小于15 cm b. 砟肩350 cm c. 曲线不设超高 d. 正线铺轨设垫板、轨撑和轨距杆 e. 台后25 m路基满布人字枕、其上扣轨两组伸入桥台不小于1.0 m并对穿枕木 f. 吊梁段为人字枕与对穿枕 g. 走行段为人字枕 h. 桥头线路加固全长约250 m
		（2）线路压道		a. 单机压道的轴重不小于190 kN b. 组成超重车的轴重大于架桥机最大轴重1.1倍 c. 采用悬臂式桥机架梁，必须使用超重车压道 d. 超重车的组成见本章第三节践后总结第二条
11.3	Ⅰ	（1）检查架桥机进场负重后的机况	桥机组装完成到桥头正线吊梁前后检查大臂偏移，保证机械设备安全	桥头岔线示意图如下： 桥头正线　警冲标　架梁岔线 N_1右　N_2左 70　120 桥台尾　岔头 桥头岔线示意图(m)
		（2）检查桥头拨道与整修质量	桥头线路加固后首次负重，检查其轨距和水平变化，并及时整修合格	说明： ① 桥头70 m容纳机车一台及N_{16}平板三辆。 ② 120 m有效长容纳桥机及配属车辆。 ③ 吊重后大臂偏头量≤100 mm，专人监护平衡重，起吊后距平车顶面不大于400 mm

续上表

序号	类型	提示内容	缘由说明	控制措施
11.4	I	(1) 梁跨许可拨道量与梁片就位方式	梁跨结构的许可拨道量(即偏心荷载容许值),是拨道架梁或横移架梁决策的技术依据	① 拨道架梁一次就位: 悬臂式桥机通过拨道使起吊梁片与梁位设计重心重合,之后在梁端反向拉动梁片,即可一次就位。拨道架梁前提条件是:计算拨道量≤梁跨许可值。 ② 不具拨道条件的应横移梁片就位:桥机先落梁片于墩台,再横移就位。 ③ 梁片在墩台上的安全要点: a. 梁片就位后设斜撑、背紧,并刀练防护 b. 移梁台车应有定位斜撑保证梁片稳定 c. 移梁滑道应设1‰上坡 d. 专人设限位木楔监控台车行走
		(2) 桥机就位后的安全防护(就位指桥机停车在预先设定的落梁位置)	只有桥机准确按设定机位停靠、就位,才能保证落梁作业的安全	a. 预先在钢轨侧面标示停机位置 b. 设专人在停机位置前持止轮器防护 c. 就位后于前、后轮组背紧双方向止轮器 d. 起吊梁片之后运梁平板车退场、梁片下落距轨面30~50 cm e. 桥机两侧禁止站人,特别是梁片左右
		(3) 机械架梁慎用枕木临时替代钢支座	桥机轴重较大,旧枕支点容易压缩变形,不利于安全	使用80-55型桥机曾发生压垮枕木下沉变形、剪断梁端横隔板焊缝的险性事故。具体情况见第十七章第三节践后总结第二条
11.5	I	梁跨就位与电焊隔墙档数、质量	确认梁跨形位尺寸合格、梁跨就位是电焊隔墙的前提条件。	① 梁跨就位与梁跨形位尺寸调整: a. 左右梁片中心垂直 b. 梁跨顶不小于3.9 m(设计梁跨挡墙顶宽) c. 梁跨之间端面、侧面平齐 d. 梁缝均匀 e. 支座位置合于设计、不超标且有微调余地

续上表

序号	类型	提示内容	缘由说明	控制措施
11.5	I	(梁跨就位是指将梁跨已架设安装于墩台的设计位置之上)	焊牢隔墙连接板是梁片成为梁跨、保证结构稳定的技术措施，也是确保架梁安全的关键	② 隔墙连接板焊接： a. 架梁过程中的电焊隔墙档数不小于设计档数的一半(梁端隔墙必焊) b. 焊缝饱满、厚度不小于 8 mm c. 连接板尺寸与隔墙的间距匹配
11.6	I	(1) 支座微调定位 (2) 支座下打(垫)砂	依据全桥墩台实际和容许偏差，全面统筹规划的梁位，符合《验标》规定	梁跨就位后支座的微调、定位并支座下打(垫)砂工艺等见第十二章第三节践后总结

第三节 践后总结

一、架桥机的选型

1969 年末～1970 年 7 月，北京铁路局派出北京工程段四队桥梁班和丰台线路大修队组成北京铺轨队赴焦枝铁路参加会战，北京铺轨队五连(桥梁班)负责架梁，自湖北襄樊到河南九里山约 100 km，采用人工或悬臂式桥机架设 20 m 以下普通梁 46 孔，架设 23. 8 m 及 31. 7 m 预应力混凝土梁 24 孔。

悬臂式桥机在上世纪 70 年代末已少采用，因为它潜存诸多不安全因素，诸如：轴重大，稳定性差，吊梁走行、对于桥头路基下沉敏感，部分梁跨不能拨道入位需在墩顶横移，特别是悬臂式的桥机前无支点等等。之所以要介绍悬臂式架桥机，主要还是借鉴其行之有效的架梁安全和措施、安全自检和他检、安全责任和落实及安全经验和教训等等，对此若能有所了解，有选择地移植用于现今新式桥机架梁，对于保安全、防事故将会有所助益。因为从某种意义上讲，“安全与否”其实质就是施工质量优劣极端的因果反映。

（1）选择桥机类型考虑的基本要素

① 桥机技术性能尽量与架梁的实际条件相吻合、匹配；

② 梁片架设尽量一次就位，避免在墩台上横移梁片的工序；

③ 桥头，特别是高路基填土质量一定要符合《验标》要求，满足桥机最大轴重的需要；

④ 墩台结构、尺寸符合桥机作业条件的工艺和安全需要；

⑤ 桥机机组与架梁委托单位双方的工作分工、工作标准、安全责任以及桥机指挥、总负责人等等，应于事先沟通并在合同中明确；

⑥ 桥头路基要否超重压道及加固方法的确定，以满足桥机最大轴重需要为度。

（2）主要架桥机的技术性能(表11—2)

表11—2 主要架桥机的技术性能汇总表

架桥机类型 \ 性能与条件 \ 项目		技术性能			架梁条件			
		架设圬工梁（m）	最大轴重（kN）	空中横移梁（mm）	在隧道口架梁	架设超长、超宽、超高梁	架设整孔梁(一般指钢梁)	拨道受限、多风雨及高墩
悬臂式	130-58型	32.0	425			Δ		
	130-59型	32.0	442			Δ		
单梁式	胜利型	32.0	392		Δ			
	JD90g-130型	32.0	400		Δ			
	JQ130型	32.0	330	左右各950	Δ			Δ
	DJK140型	32.0	不详	980	Δ			Δ
	JQ160型	40.0	357	950	Δ			Δ

续上表

性能与条件 / 项目 / 架桥机类型			技术性能			架梁条件			
			架设圬工梁(m)	最大轴重(kN)	空中横移梁(mm)	在隧道口架梁	架设超长、超宽、超高梁	架设整孔梁(一般指钢梁)	拨道受限、多风雨及高墩
双梁式	宽式	长征 160	32.0	200	可横移	Δ		Δ	Δ
	窄式	红旗 130-74	32.0	238	可横移	Δ			Δ
		红旗 130-72	32.0	296	可横移	Δ			Δ
		红旗 130-78	32.0	193	可横移	Δ			Δ
		(长征)$Ⅲ_B$-160	32.0	300	可横移	Δ			Δ
		(长征)$Ⅲ_C$-160	32.0	270	可横移	Δ			Δ
66(改)型 130t 架桥机			32.0	388	可横移	Δ			Δ
说明	本表系根据《铁路架桥机架梁规程》(GB 10213—99)第 2.4.2 条及附录 B、C、D 资料汇集整理，由于部分数据不尽完整，如双梁式桥机空中横移梁的左右尺寸、JDK140 型桥机最大轴重等规程中均未显示，今后在选用桥机类型时应事前搞清，以便选型决策(轴重 t 已换算为 kN)								

二、超重车的组成

1970 年 3 月焦枝线湍河大桥架设 31.7 m 预应力混凝土梁，采用悬臂式 130 t-58 型架桥机，最大轴重为 439 kN，根据相关规定桥头路基需特别加强并用超重车压道，待其沉降确认稳定之后方可架梁作业。

(1) 超重车的组成

利用桥机配属的 N_{16}E 型平车$_2$，并在其上偏心放置混凝土平衡重 G_1，组成超重车的 R_A 达到预期轴重如图 11—2 所示。

(2) 计算 G_1 放置点

① 压道车轴重的规定要求为 1.1 倍的桥机最大轴重，即 439 kN/轴 × 1.1 = 482.9 kN/轴，应使超重车 R_A 荷重达到 482.9 kN/轴 ×2 轴 =965.8 kN

② 已知 $R_{A_2}=R_{B_2}=\dfrac{(640+180)\text{kN}}{2}=410\ \text{kN}$(式中 180 kN 为平车自重(图 11-2b))

③ $R'_{A1}=R_A-R_{A_2}=(965.8-410)\text{kN}=555.8\ \text{kN}$(详图 11—2c)

④ 计算 $R'_{A1}=555.8\ \text{kN}$ 时平衡重 G_1 的放置点

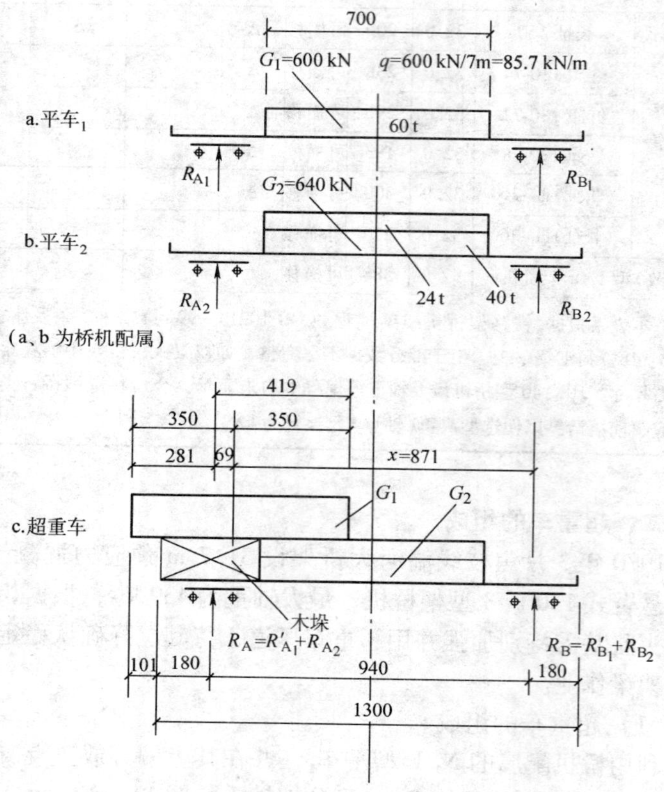

图 11—2　平车₂ 组成超重压道车示意(cm)

令 $M_B=0$,即 $R'_{A1}\times 9.4\text{m}-G_1\cdot x=0$

$$\therefore x=\frac{R'_{A1}\times 9.4}{G_1}=\frac{555.8\ \text{kN}\times 9.4\ \text{m}}{600\ \text{kN}}=8.706\ \text{m}\approx 871\ \text{cm}$$

综上：图 11—2c 组成的超重车 $R_A=965.8$ kN，轴重965.8 kN/2 = 482.9 kN 与规定相符。有关架桥机压道的相关规定，详《铁路架桥机架梁暂行规程》铁建设〔2006〕181 号第 6.2.1 条，超重压道车其轴重不小于架桥机最大轴重的 1.1 倍。

三、不用铁路运输（梁片及桥机）**的铁路桥梁架设实例**

为减轻运营压力，打破以往在运营线上组织专列运送梁片和桥机，到站后占用股道存放梁片和桥机，利用股道调车甩挂重组架桥机的惯例。秦皇岛疏解线等工程中几十孔不同跨度（含 32 m）的铁路混凝土梁架设，借助当地既有公路，采用重型拖车运梁片于卸梁工作点，利用龙门架卸梁，桥机推运梁片至桥头完成架梁作业，为铁路混凝土梁的架设开创了新途径。

（1）公路运梁与架梁的基本技术条件

① 公路条件：

a. 既有公路宽度与半径

b. 限界不足与清障

c. 桥梁超重负载与加强

d. 市政与公交配合

② 卸梁、架梁工作点（卸架点）：

a. 卸架点选在靠近桥头、紧傍跨越公路的铁路立交桥处

b. 卸架点组拼龙门架，梁车作业的临时占地应充分考虑

（2）简易桥机架梁的践后评估

① 优点：

a. 装、运、卸三者配套

b. 桥机运行在线路上，架梁不受河川及公路限制

c. 最大程度地缓解铁路运输压力

d. 桥机和龙门架拆装方便、快捷

② 缺点：

a. 受控因素(设备、公路、人员配合)较多

b. 架梁时间较长

c. 交际面广(市政、公交、清障单位等)

d. 调研准备时间长

(3) 简易架桥机架梁工艺流程(图 11—3)

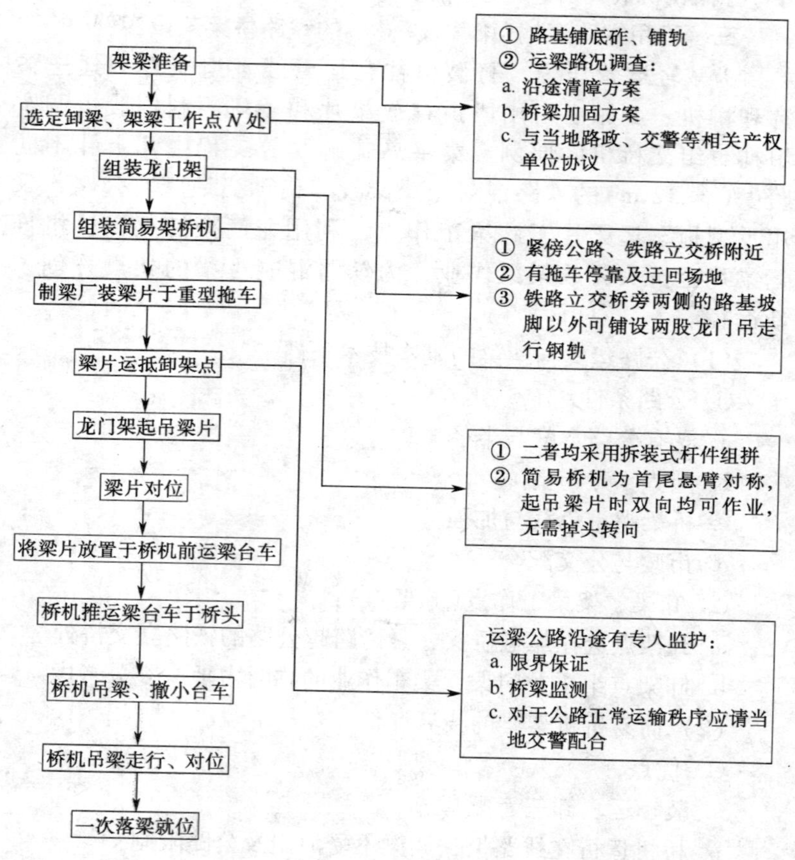

图 11—3 简易架机架梁工艺流程

a. 悬臂式架桥机

b. 单梁式架桥机和固定式卸梁龙门架

c. 双梁式架桥机

图 11—4　三种架桥机

第十二章　桥梁支座下打入干硬性砂浆

第一节　工艺流程和施工质量重点提示

桥梁支座下打入干硬性砂浆施工工艺流程和质量重点提示如图 12—1 所示。

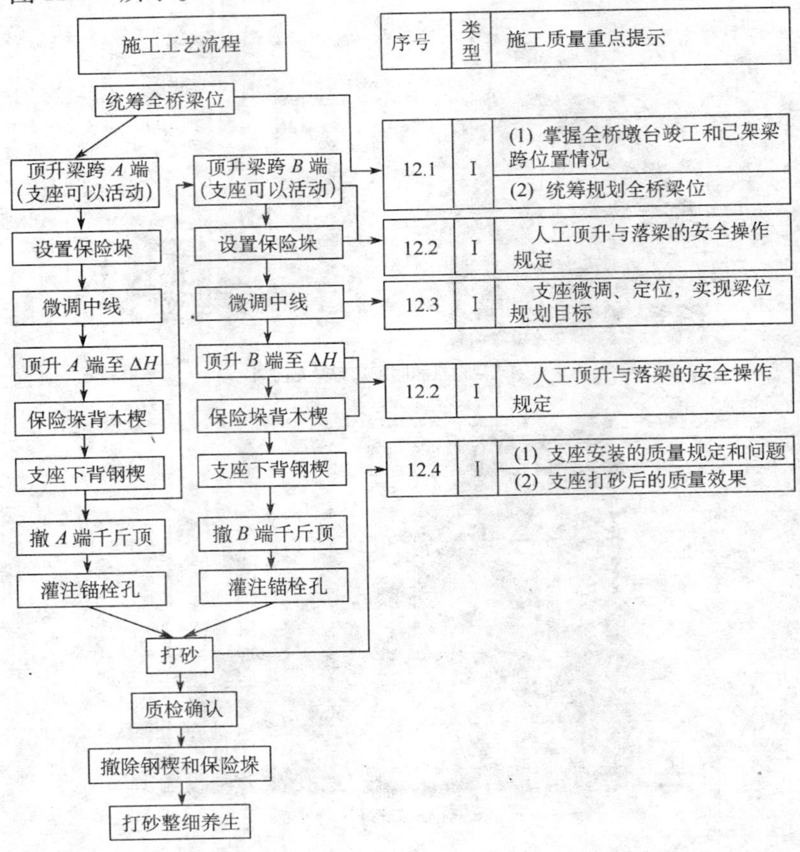

图 12—1　桥梁支座下打入干硬性砂浆施工工艺流程和质量重点提示

工艺流程的几点说明：

1. 支座打砂前的梁跨境况：

全桥梁跨机械架梁完成、隔板焊牢、钢支座就位、锚栓孔尚未封填，梁跨和支座可在平面及高程上进行微调。

2. 支座打砂的工作性质和质量目标：

利用机架结束的工序间隔，按照全桥梁位规划，对梁跨实施微调、精准定位；通过支座打砂彻底消除下座板与垫石之间的缝（空）隙，以获取最佳的质量结果。

3. 工艺流程中梁跨系指梁片业已成孔。

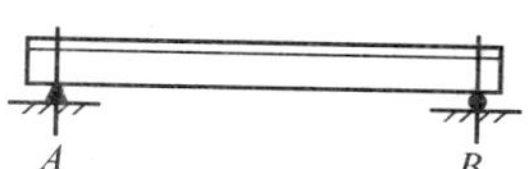

图 12—2　梁跨支点示意图

4. 梁跨的 A、B 端如图 12—2 所示。

5. ΔH 为打砂厚度，如图 12—5 所示。

第二节　施工质量控制措施

与图 12—1 中施工质量重点提示序号、类型所对应的施工质量控制措施如表 12—1 所示。

表 12—1　桥梁支座下打入干硬性砂浆施工质量控制措施

序号	类型	提示内容	缘由与说明	控制措施
12.1	I	(1) 掌握全桥墩台和已架梁跨位置情况	以全桥墩台实际的中线、间距尺寸和高程为基础，以《验标》规定的许可误差区间为依据，通过事先统筹规划全桥梁位，以获取施工质量、观瞻效	① 竣工墩台： a. 纵、横向中线及误差 b. 支承垫石平整度及其高程和误差 ② 已架梁位： a. 纵、横向中线及梁缝 b. 支座与垫石间的空隙量 c. 支座三条腿 ③ 已架梁位可供调整的量值(中线、高程)

续上表

序号	类型	提示内容	缘由与说明	控制措施
12.1	I	(2) 统筹规划全桥梁位	果并运营养护等最佳的质量预期	① 规划原则：以全桥墩台实际为准 a. 在《验标》规定的误差范围内调整 b. 为下道工序制造条件 c. 考虑观瞻 ② 具体要求：符合设计要求和《验标》规定 a. 梁跨间挡墙侧面平顺、梁缝均匀 b. 支座下打(垫)砂最佳厚度 $\Delta H=20\sim40$ mm c. 通过打(垫)砂找平垫石 d. 梁跨之间的高程平顺 e. 为人行道安装创造条件
12.2	I	人工顶升与落梁的安全操作规定	顶梁、落梁和调整梁跨支座等起重作业，严格操作规定是确保施工安全的根本	a. 梁跨 A、B 两端不得同时顶升或落梁作业，一端设妥保险垛之后再行另端作业 b. 保险垛垛底稳固、负重后可靠 c. 顶落梁过程设专人持木楔监护、发生意外情况及时背紧保证作业安全
12.3	I	支座微调、定位，实现梁位规划目标	架梁后微调支座中线、高程和梁跨重心垂直，获取最佳的架梁安装质量	a. 微调梁跨纵、横中线符合《验标》规定 b. 顶升梁跨至打砂最佳高度 ΔH 如图 12—5 所示 c. 梁跨重心垂直、支座保持水平 d. 具体要求见本表第 12.1 条(2)
12.4	I	(1) 支座安装的质量规定和问题	钢支座与混凝土垫石之间，欲使二者达到接触“密贴无空隙”的质量规定，需	① 有关安装支座的质量规定： 《验标》第 17.2.4 条、《架梁暂行规程》第 5.1.4 条均规定支座与垫石之间必须密贴无空(缝)隙。《指南》第 19.1.6 条也规定二者之间应密贴无缝隙，对于支座下板与垫石间的空隙，

续上表

序号	类型	提示内容	缘由与说明	控制措施
12.4	I	(1)支座安装的质量规定和问题	要针对性的工艺措施以及能够填充空隙的材料方能解决，否则两种材料、两种触面不同平整度的结合，很难达到《验标》规定的质量结果	第19.1.8条规定采用坐浆垫实或压浆垫实等施工方法。 ② 尚存问题： 在工艺上无论座浆或压浆垫实，就施工操作而言，均不同程度地存在具体困难。因为支座下板与垫石间的空隙仅靠“垫”、对填充材料没有强力介入，恐难达到“密贴无空隙”的质量效果。 ③ 具体建议： 通过历年施工实践，在支座下强力打入干硬性砂浆是消除空隙的有效办法
		(2)支座打砂后的质量效果	在支座与垫石间人工强力打入干硬性砂浆过渡层，是实践中摸索、总结的工艺措施，能够确保二者之间“密贴无空隙”，并得到维修部门的认同	① 在垫石与支座下板间预先留出打砂过渡层ΔH(图12—5)，可以获取以下质量效果： a. 强力打入干硬性砂浆能够填充ΔH的全部空间 b. 干硬性砂浆具有既可塑又即强的特点，是确保“密贴无空隙”的材料保证 c. 过渡层ΔH的最佳厚度以20~40 mm为宜 ② 支座下打砂的工艺细节及其打砂工艺见本章第三节践后总结

第三节 践后总结

支座打砂(桥梁支座下打入干硬性砂浆)

1. 支座安装的规定

《指南》第19.1.6条第4款规定，支座上、下座板与梁底及支承垫石之间应密贴无缝隙。对于支座上下座板空隙处理，第19.1.8条第1款规定采用坐浆垫实或注浆材料压浆垫实。

由于坐浆垫实找平材料的可塑(尽管是干硬性)，铺就的坐浆层在支座安装调整过程中多被扰动而变形；而压浆垫实在支座下板四周很难实现封闭，所以注浆也就没有足够的压力注满所有缝隙，因而垫石与支座下板间的“密贴无缝隙”就难以实现。

2. 设置打砂过渡层、确保支座安装质量(密贴无缝隙)

垫石与支座二者材料不同、加工精度各异，混凝土垫石系人工抹平而钢支座则为机械加工；垫石在一个支座范围内的表面平整度尽管没有明确规定，但毫米级的混凝土平整度与钢支座的机加工不在同一等级，因而支座与垫石触面的“硬着陆”、“有间隙、不密贴”实属必然，所以解决垫石与支座间的“密贴无隙”尤显重要。运营阶段在列车荷载冲击下，二者“间隙”随着列车上桥而压缩闭合，列车驶出之后则又恢复常态，久而久之垫石表面局部下凹并积水，最终导致垫石病害、桥梁质量失格。

欲使支座安装密贴，只能在支座与垫石间设置缓冲过渡层，过渡层材料既要有成型时的可塑，又要有成型后的即时强度(即强)。可塑性是指过渡层材料能够完全充满支座与垫石间的缝隙和空间，即强是指过渡层材料一旦填充、打牢之后，即可定型并能支承梁跨静载和活载。

通过长期多座桥梁的打砂实践证明，干硬性砂浆虽不具混凝土的流动性，但在垫石与支座板的约束范围内(相当于上、下模板)，采用人力强制打砂，一是可塑定型填满过渡层，二是具有即时强度，三是彻底解决了“密贴”和“无间隙”，从而防止了支座局部积水和梁跨三条腿等运营中的桥梁病害，四是在最佳的打砂厚度范围内($\Delta H = 20 \sim 40$ mm)，对于梁跨就位后的平面和高程微调也提供了一种方便和可能。

3. 支座打砂的施工和工艺要点

(1) 使用材料

① 普通矽酸盐水泥 $325^{\#} \sim 425^{\#}$；② 中粗河砂；③ 干硬性

砂浆配合比 1∶3(水泥∶砂)。

拌合要点：水泥与砂先行干拌均匀，再逐渐加水人工拌成潮湿、干硬状的砂浆，达到砂浆在手中用力攥则成团、松手后砂浆团不松散。

（2）打砂最佳厚度 ΔH

通过长期操作总结认为：$\Delta H = 20 \sim 40$ mm 为理想状，过薄过厚则难以达到打砂预期的质量效果。

（3）打砂工具

① 方头手锤：砌筑片石用的工具手锤。

② 捻凿钢钎：需自行打造，依 ΔH 不同配置相应厚度(h)捻凿，手柄长度按需而定。捻凿示意如图 12—3 所示。常用捻凿厚度 h 可设 10、15、20、25、30 mm 等五种，其手柄直径 ϕ 小于 h 约 2 ~ 4 mm，捻凿钎头的长 × 宽均可为 105 mm × 60 mm。

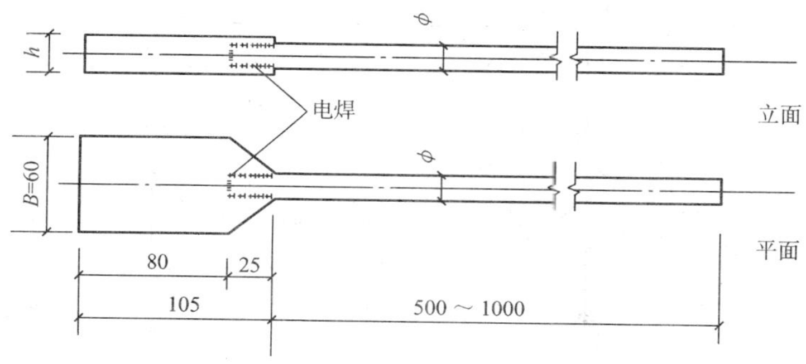

图 12—3　捻凿钢钎示意图（mm）

③ 支座调高钢楔：

钢楔示意见图 12—4。需自行机加工，常用钢楔厚度 h_1 可设 10、15、20、25、30 mm 等五种，其斜率均采用 1∶15，h_2 则相应为 2、7、12、17、22 mm，平面尺寸均为：长 120 mm、宽 60 mm。

4. 支座打砂工艺要点

（1）打砂方向

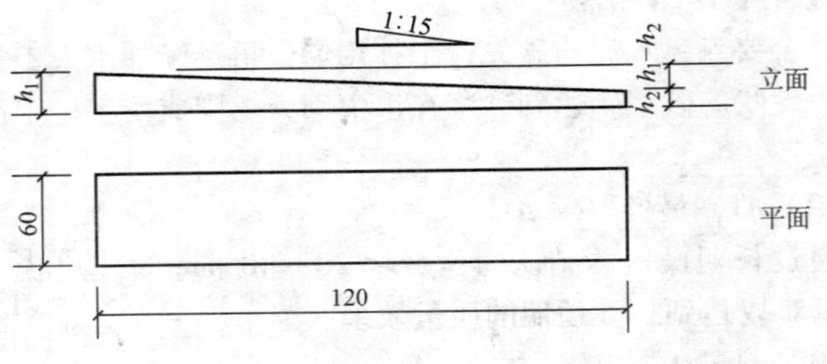

图 12—4　支座调高钢楔示意图（mm）

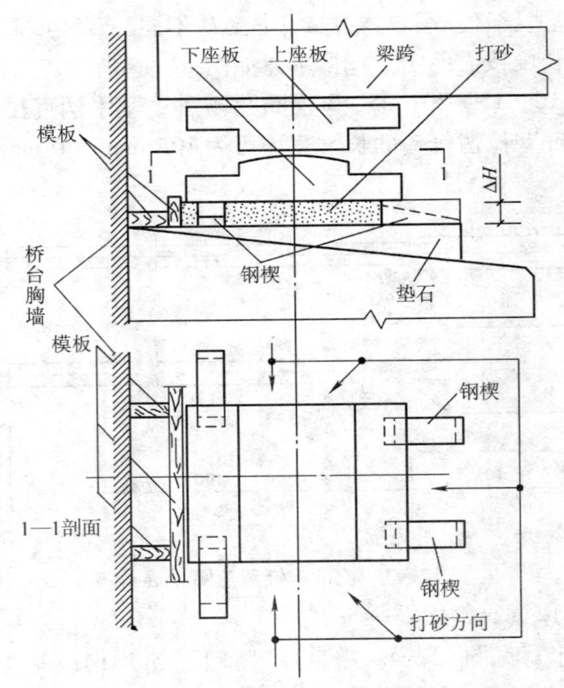

图 12—5　桥台支座打砂示意

桥台支座打砂可三个方向进行（桥台胸墙为盲区）如图 12—5 所示，桥墩支座打砂则为四个方向。

（2）打砂方法

对准同一目标（支座中心或桥台封口模板中心），两人双向对称同时锤击钢钎打砂，以形成局部密实点，便于逐渐向四周延伸，直至打实整个下支座板。

（3）打砂顺序

桥台支座打砂由里向外逐渐延伸，桥墩支座则由中心向四周逐渐延伸。

（4）打砂工艺流程要点（图 12—6）

确认钢楔有效 → 送干硬性砂浆到位 → 捻凿“捣实”砂浆 → “捣实”$\frac{1}{3}$支座面积 → 手锤锤击捻凿“打砂” → “打砂”向外延伸 → “打砂”至支座边缘 → 轻轻撤钢楔 → 补打钢楔缺口 → 支座四周整细 → 砂浆养生

图 12—6　打砂工艺流程

“捣实”：两人手持捻凿钢钎同时双向对称对准同一目标逐渐用力捣实干砂浆，形成局部密实点，为下步“打砂”创造条件。

“打砂”：手持方头手锤锤击钢钎，利用捻凿矩形钎头，两人同时双向对称逐渐用力将捣实的干砂浆“打实打牢”。“打实打牢”的经验标准是：锤击钢钎不向前进反而向后回弹，钢钎颤动震手，反弹声音清脆。

第十三章　刚架式立交桥顶进

第一节　工艺流程和施工质量重点提示

刚架式立交桥顶进施工工艺流程和质量重点提示如图 13—1 所示。

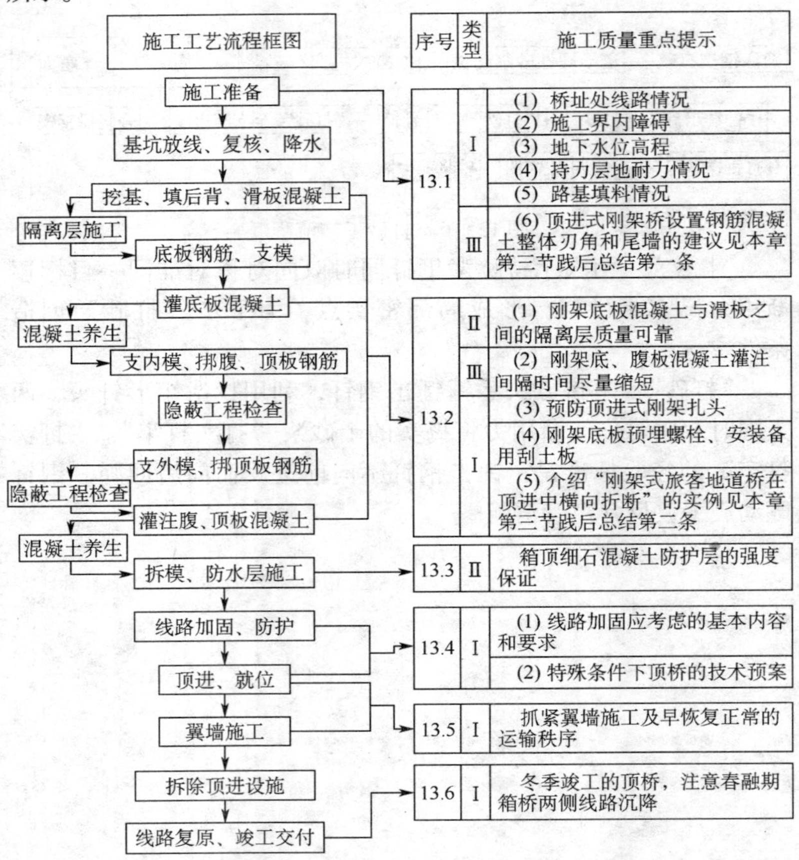

图 13—1　刚架式立交桥顶进施工工艺流程和质量重点提示

第二节　施工质量控制措施

与图13—1中施工质量重点提示序号、类型所对应的施工质量控制措施如表13—1所示。

表13—1　刚架式立交桥顶进施工质量控制措施

序号	类型	提示内容	缘由与说明	控制措施
13.1	Ⅰ	(1) 桥址处线路情况	保证刚架顶进中的运输安全是施工企业的第一要务。 施工前的桥址调查、核实设计文件和设计资料，对于刚架桥的顶进方案、顶进工艺，制订意外情况的技术预案和物质准备，规划顶进周期、阶段目标以及安全措施的落实和参建单位的协作配合等至关重要	a. 长轨或短轨 b. 无缝线路应力放散应委托工务部门 c. 桥上线路数量和线间距 d. 线路高程及高差 e. 枕底与箱顶高程、间距 f. 刚架与线路交角 g. 通过列车间隔与车速
		(2) 施工界内障碍		a. 搞清障碍种类、数量与归属 b. 探明地下管线应由人工开挖核实方位及数量 c. 处置方案应与归属单位事先订协议
		(3) 地下水位高程		a. 刚架底板下1.0 m应无地下水，否则要提前抽降 b. 抽排地下水对邻近建筑有无负面影响，事前应作技术评估 c. 抽地下水之前对既有相邻建筑应设临时监测标志
		(4) 持力层地耐力情况		a. 土质名称、承载力和含水率 b. 防止刚架抬头或扎头措施及预案 c. 土壤要否固化加强
		(5) 路基填料情况		a. 填料名称、密实度和壁立性 b. 填料临时稳定坡度 c. 若填料需固化加强，应先行试验获取可靠数据，之后再正式施工

续上表

序号	类型	提示内容	缘由与说明	控制措施
13.1	Ⅲ	（6）刚架桥设置刃角和尾墙的建议	设置钢筋混凝土整体刃角和尾墙的主要功能是保证安全、缩短顶进周期	有关建议内容见本章第三节践后总结第一条
13.2	Ⅱ	（1）刚架底板与滑板之间的隔离层质量可靠	刚架底板与滑板的隔离层一旦失效，对于顶进作业十分困难与被动，特别是顶桥地段慢行批复之后更为尴尬	a. 防止滑板石腊污染底板钢筋 b. 石腊层之上再铺塑料布，确保隔离层有效，提升质量保证率 c. 一旦隔离层失效，对其破解方法曾有介绍：在箱内底板钻孔若干，孔深略大于板厚，再向孔内泵送高压风，送风与顶进同步进行，迫使底板与滑板分离
	Ⅲ	（2）刚架底、腹板混凝土灌注间隔时间尽量缩短	两次成型的刚架、箱内腹板两侧一般间隔3～5 m会出现竖向裂纹，裂纹分布呈下宽上窄、自下而上并逐渐消失的状态	①《铁路混凝土与砌体工程施工规范》规定，混凝土应连续灌注，间隔时间宜缩短。 ② 刚架混凝土两次灌注腹板开裂原因经初步分析认为是：下层底板先期混凝土对腹板后期混凝土的变形约束。 ③ 防止或减少腹板开裂技术措施： a. 尽量缩短两次混凝土灌注间隔时间 b. 对接灌混凝土及时洒水降温、减少温度变形 ④ 有关上、下层混凝土的约束可参考有关文献及第十七章第三节践后总结第五条
	Ⅰ	（3）预防顶进式刚架扎头	顶桥扎头是一般规律，事前的预案防范不可少	① 滑板设上坡预留扎头量，应视地耐力情况而定，因其不可逆故应慎重； ② 刚架底板设船头坡性质同上

续上表

序号	类型	提示内容	缘由与说明	控制措施
13.2	Ⅰ	(4)刚架底板预埋螺栓便于安装备用刮土板	刮土板既是控制船头坡抬头、扎头可调的技术措施，又是控制箱前挖土(超挖或欠挖)的标尺	既设船头坡又配合刮土板，具有克服刚架抬头和扎头双重作用，故采用较多。 船头坡与可调整高度的刮土板如下图所示。 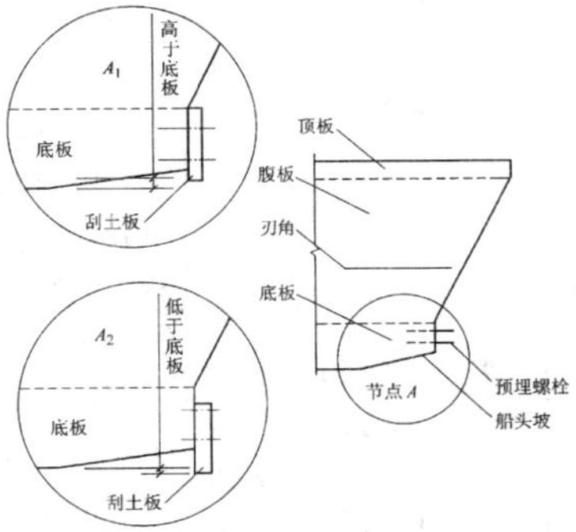 高于底板 A_1 底板 刮土板 低于底板 A_2 底板 刮土板 顶板 腹板 刃角 底板 节点 A 预埋螺栓 船头坡 船头坡与可调整高度的刮土板示意图
		(5)介绍“刚架横向折断”的实例	客观总结是汲取教训的前提	有关刚架地道桥的背景，顶进中折断的原因和教训以及善后处理等见本章第三节践后总结第二条
13.3	Ⅱ	箱顶细石混凝土防护层的强度保证	防护层功能有二：顶进箱体时承载横抬工钢或顶桥专用小台车的荷载；就位后保护箱体防水层	a. 施工标准和质量满足设计及工艺要求 b. 表面平整顺畅，无缺损 c. 防护层细石混凝土强度不小于200级、厚度不小于100 mm，其间设30 mm×30 mm钢丝网增强细石混凝土整体性 d. 灌注完成后及时覆盖、洒水养护，确保细石混凝土强度

续上表

序号	类型	提示内容	缘由与说明	控制措施
13.4	Ⅰ	(1)线路加固应考虑的基本内容和要求(动用既有设备之前，应与业主或维修部门签订协议)	穿越铁路运营股道顶桥施工，是由承建单位申请，相关部门批准，在不中断行车、继续运营、限制车速并在规定时间内完成的一种施工作业。 顶桥安全并非仅仅是承建单位自身内部的安全，它既关系铁路运营系统(车、工、机、电务和牵引供电)诸多部门有序地运作，同时又与客、货运输的安全和正点紧密相关，毕竟向社会提供安全、优质的运输服务是铁路部门的宗旨。	① 线路加固和后背墙： a. 有结构计算和设计施工图 b. 有工艺要求的构造设计 c. 有节点大样 ② 横抬工钢跨度和路堤填料紧密相关： a. 填料名称，密实度和壁立性 b. 预计稳定边坡和最大坍方以确定工钢跨度 ③ 箱体的结构和尺寸与顶进安全紧密相关： a. 前刃角和后尾墙长度 b. 刚架高度 ④ 列车限速与轨道绝缘： a. 调度的限速要求与实际车速 b. 线路加固设计的安全储备 c. 线路加固木枕建议采用3.15 m，绝缘效果显著(一般枕木为2.5 m) d. 桥上工具有绝缘护套 ⑤ 改进顶桥工艺，防止线路横移： a. 顶桥专用小台车可以减少工钢与箱顶混凝土摩阻(变滑动为滚动摩阻)，减少或杜绝线路横移 b. 箱顶保护层强度和平整度符合顶桥工艺要求 ⑥ 顶进施工中与安全相关的信息及时反馈和动态调控： a. 实际车速 b. 路堤填料与稳定边坡

续上表

序号	类型	提示内容	缘由与说明	控 制 措 施
13.4	Ⅰ	（2）特殊条件下顶桥的技术预案	所以保证顶桥安全既是承建单位的头等大事，也是对社会应尽的责任和义务	① 斜交刚架顶进、中线易偏转： a. 预留偏转量 b. 调整顶力(镐位)布置，克服刚架在顶进中偏转 ② 软土地基刚架顶进、箱体易扎头： a. 地基局部或全面加固 b. 设船头坡 ③ 路基填料松散处顶桥、路基易坍方： a. 提前注浆固化 b. 固化应先行试验取得预期效果：既提高壁立性又能人工刨动 ④ 刚架高度 $H>7.5$ m 时的特殊对策： a. 设刃角及尾墙见本章第三节践后总结第一条 b. 线路加固满足预计坍方时的施工安全、行车安全 ⑤ 下列危及行车安全情况应停止顶进，并设停车防护，立即电告车站并办相关手续： a. 地下水漫过滑板 b. 路基坍方超出线路加固的安全范围 c. 线路加固设施失效
13.5	Ⅰ	抓紧翼墙施工尽早恢复正常的运输秩序	尽量压缩顶进周期与恢复正常运输秩序，尽快办理竣工交付手续，是确保安全的关键	a. 刚架一旦就位立即组织翼墙施工、防止坍方 b. 整修复原线路，及时撤除加固设施 c. 在确认行车安全前提下，尽早申请恢复正常运输秩序 d. 准备竣工资料，尽早申办工程竣工验交 e. 工程交付之前的线路保养和监护不得放松

续上表

序号	类型	提示内容	缘由与说明	控制措施
13.6	I	冬季竣工的顶桥，注意春融期箱桥两侧线路沉降	这是曾经的教训，特别是严寒地区顶桥，尤应格外重视、防范	a. 掌握刚架腹板两侧坍落的冻块情况(数量和尺寸) b. 春融时严密监测刚架两侧线路沉降并及时维修 c. 桥头应有足够备砟 d. 工程若交付应在验收报告中提出春融时线路的沉降可能，以引起维修方的重视

第三节 践后总结

一、关于顶进式刚架桥设置钢筋混凝土整体刃角和尾墙的建议

1. 有关刃角的设计规定[《铁路桥涵设计基本规范》(TB 10002.1—2005)]

第 5.5.6 条规定，顶桥的主体结构前端应设钢刃角。安设刃角的边墙端线与水平线的夹角应视土质情况而定，不宜大于60°。刃角挑出部分按施工荷载设计。

条文说明：(1) 刃角一般由钢刃角和混凝土刃角组成。其主要作用系切入土中，防止在顶进过程中由于路基土体的坍方而影响行车安全。……但为避免顶板悬挑过长，可采用锯齿形的构造，如图 13—2 所示。

(2) 为使刃角部分受力明确，并省去顶桥前方补齐边墙的工序，有的采用了分离式钢筋混凝土刃角，在顶进就位后即行拆除，如图 13—3 所示。

① 钢筋混凝土刃角可为预制或现灌，当为现灌时应使与边墙隔离(可在接缝处涂沥青)以便拆卸。

② 接缝处可用锚筋或钢板接头联结，以保证接缝强度及便利拆卸。

③ 当钢筋混凝土刃角顶面伸出主体结构较长，必须铺设临

时钢梁。为了减小钢梁跨径，可在顶桥跨径中间设置临时撑架。

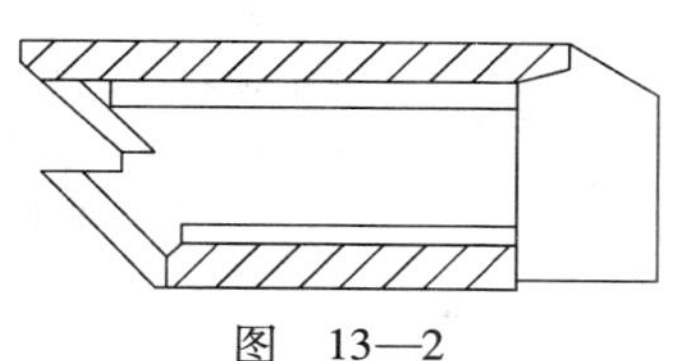

图 13—2

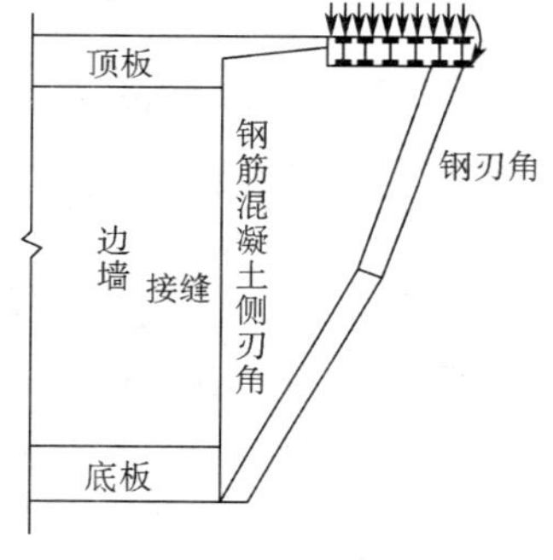

图 13—3

第 5.5.7 条规定，顶桥端部周边宜加设钢刃角。为减少开挖高度以防止路基坍方，宜设中间钢刃角和中平台。……中刃角、中平台和顶桥的连接必须牢固，且便于拆装。

综上，有关刃角的设计规定概括为：

a. 刃角挑出部分按施工荷载设计

b. 刃角的功能在于切入土中防止坍方

c. 刃角属于临时设施

d. 为减少刃角上端临时钢梁跨径，可设中间临时撑架

e. 为减小开挖高度防止路基坍方，宜设中间钢刃角和中平台。

由于设计规定难于满足顶桥实践需要，二者之间存在的问题如表 13—2 所示。

2. 刃角的设计功能和存在问题(表 13—2)

表 13—2　刃角的设计功能和存在问题

《铁路桥涵设计基本规范》(TB 10002.1—2005)			实践情况
条目	设计内容摘要	存在问题	
第 5.5.6 条	刃角挑出部分按施工荷载设计	由于不能负荷列车活载，致使加固线路的横抬工钢支点移至刚架主体，故加大其跨径，增加线路加固困难	刃角多与刚架结构组成一体，免拆的钢筋混凝土刃角，既满足顶进的构造要求，

续上表

《铁路桥涵设计基本规范》（TB 10002.1—2005）			实践情况
条目	设计内容摘要	存在问题	
第5.5.6条条文说明	刃角属于临时构造设施，刚架顶进就位后即行拆除	临时结构的属性，增加了刃角的预制、安装和拆除工序，且钢刃角在顶进中变形较大，故难于重复周转使用	又有负荷列车活载的结构功能，刚架就位后，刃角又能成为翼墙的一部分
	钢刃角的功能系切入土中，防止路基坍方	一是切土顶进增加阻力并钢刃角变形，变形越大，阻力越大，造成顶进困难； 二是切土顶进的向上分力，极易造成刚架爬坡抬头	箱前两侧及底板挖土范围，一般与刚架外轮廓等同，即顶进时箱前基本没有正面阻力
	为减小刃角顶面临时钢梁跨径，在顶桥跨径中间设临时撑架	顶桥跨径中间的临时撑架，占据桥跨内的有限空间，影响挖土和出土运输（机械施工者尤甚）	极少采用
第5.5.7条	为减少开挖高度防止路基坍方，宜设中间钢刃角和中平台	占据刚架跨径内空间，将出土、挖土有限空间又分隔为二，同样影响顶桥的挖土、出土，极大地限制了机械作业	很少采用

综上，由于钢刃角设计功能的预期与工艺实践要求二者相差甚远，一种不拆除的、成为刚架结构一部分的、能够负荷列车活载并满足顶进工艺需要的钢筋混凝土整体前刃角与后尾墙在实践中应运而生。通过不断地实践、改进和完善，前刃角和后尾墙已逐渐成为

顶进式刚架桥不可或缺的结构组成部分和重要的施工构造设施。

3. 钢筋混凝土整体刃角、尾墙的实践功能和效果

顶进式刚架桥设置整体钢筋混凝土刃角和尾墙，是“顶进”工艺的需要，也是顶进过程不同“阶段”的实践需要。刃角和尾墙在刚架预制、挖土顶进以及箱体就位的功能见表13—3。

表13—3 前刃角与后尾墙的实践功能汇总

示意图 / 实践功能 / 施工阶段	前刃角	后尾墙	注
示意图	前刃角	后尾墙	
预制混凝土刚架	a. 使刚架距路基最近 b. 作为横抬工钢跨度最小的支点 c. 刃角能负荷列车活载 d. 防止路基坍方	a. 在构造上与前刃角对应(称)、相对平衡 b. 滑板及地基前后端受力较为均匀	刃角与尾墙设置的具体尺寸见图13—4及表13—4
挖土顶进	a. 安全承载施工荷载及列车活载 b. 减缓挖土边坡，益于路基稳定 c. 防止路基坍方保证行车安全 d. 刃角的伸臂对箱内挖土及作业人员是安全防护棚架	a. 阻挡侧面坍方 b. 保护顶进设备正常使用 c. 保证行车安全 d. 箱前箱后恒载相对平衡 e. 益于箱体前进，防止扎头	
刚架就位	a. 增加桥面宽度 b. 作为翼墙的组成部分 c. 减缓开挖翼墙基础边坡 d. 减少后期工作量 e. 压缩总工期	a. 是翼墙组成的一部分 b. 减缓翼墙挖基边坡 c. 保证安全 d. 压缩总工期	

4. 设置钢筋混凝土整体刃角和尾墙的具体建议

（1）刃角、尾墙尺寸如图 13—4 所示。

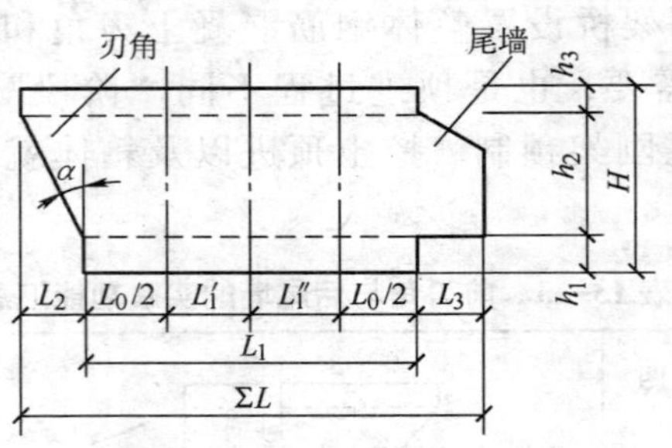

图 13—4　刚架桥刃角和尾墙示意图

图 13—4 说明：

① $L_0/2$ 指最外股线路至刚架底板边缘的长度，为确保翼墙挖基安全，建议 $L_0/2$ 应大于或等于既有路基宽度的一半；

② 前刃角斜端线与垂线夹角 α 取 30°，用以确定刃角长度 L_2；

③ 后尾墙长度 L_3 取刚架全高 H 的 0.4 ~ 0.5 倍。

（2）刃角、尾墙设置长度的具体建议见表 13—4。

表 13—4　钢筋混凝土整体刃角、底板和尾墙设置长度建议

刚架全高 H(m)	长度(m)			注
	$L_0/2$	L_2	L_3	
$H \leqslant 6.0$	3.0 ~ 3.5	3.5	2.5	
$6.0 < H \leqslant 7.0$	3.5 ~ 4.0	3.9	2.9	
$7.0 < H \leqslant 7.5$	4.0 ~ 4.5	4.3	3.3	$H > 7.5$ m 则需另行考虑

注：摘自北京铁路局文件京铁师〔1993〕491 号关于颁布实行《顶进式框架立交桥设计、施工若干规定》的通知。

二、刚架式旅客地道桥在顶进中横向折断的实例

1981 年原丰台车站新建 1 ~ 6 m 旅客地道，穿越 6 股线路、贯通三座站台，原设计总长 41.81 m 由 11.85 m + 12.03 m + 17.93 m 三节组成。由于当时地道接头防水尚不过关，为消除二、三台间

的地道接缝，施工时将原设计的一、二两节并为首节，长度 23.88 m(11.85 m+12.03 m)，末节仍为设计的第三节 17.93 m 如图 13—5 所示。

刚架持力层为卵石土，基本承载力为 600 kPa，刚架于基本站台(1 站台)北侧预制，自北向南顶进，滑板前端 10 m 设 1.6 ‰上坡、其余为平坡，首节底板设船头坡(图 13—5 节点)。首末两节边墙之间埋设定位活动钢销，末节底板开槽设中继间置放千斤顶，待末节就位(一、二站台之间)后，则以其为后背利用中继间千斤顶顶开 3.26 m(二台出口)，使首节就位于二、三站台之间，地道顶程为 50 m。

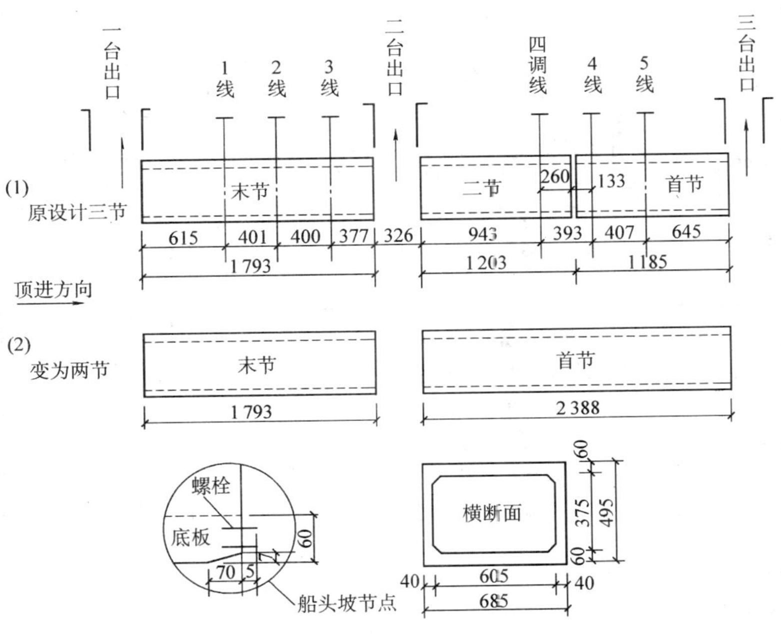

图 13—5　刚架桥设计和施工分节情况示意图(cm)

(1) 首节地道在顶进过程中突然横向折断

刚架桥顶至 30.56 m 时突然一声巨响横向断成两节，顶进中的高程变化曲线和横向折断情况如表13—5、图13—6所示。

表13—5　首节刚架顶进过程与横向折断情况

顶程（m）	首节刚架高程（mm）	刚架顶进过程中情况		说　明
		刚架前端挖土	顶进状态	
启动	0		空顶	①刚架： 抬头（+）mm 扎头（-）mm ②刚架高程是与设计高程比较后的“+”或“-”，即“高”或“低” ③横向折断缝宽20～30 mm
4.15	+37	为预防箱体在顶进过程中出现扎头，故箱前挖土未及箱底，利用船头坡拥土顶进，形成上爬的趋向	形成拥土顶进	
9.66	+55	原计划安装刮土板（与底板底高程相同），以抵消船头坡上爬趋向，实际情况是：既未安刮土板、箱前挖土亦未挖至底板底，船头坡仍拥土顶进	上坡依旧，仍在拥土顶进	
18.66	+81.5	安装刮土板与底板底持平，并计划超挖30 mm，由于急于克服刚架抬头趋势，实际结果是：又多超挖20～70 mm，累计超挖已达50～100 mm	卵石土地耐力高、变形小，刚架已呈悬空顶进状	
30.56	+115.5		首节折断成12.70 m+11.18 m	
50.00	-43			

（2）折断原因分析

①首节刚架过长：

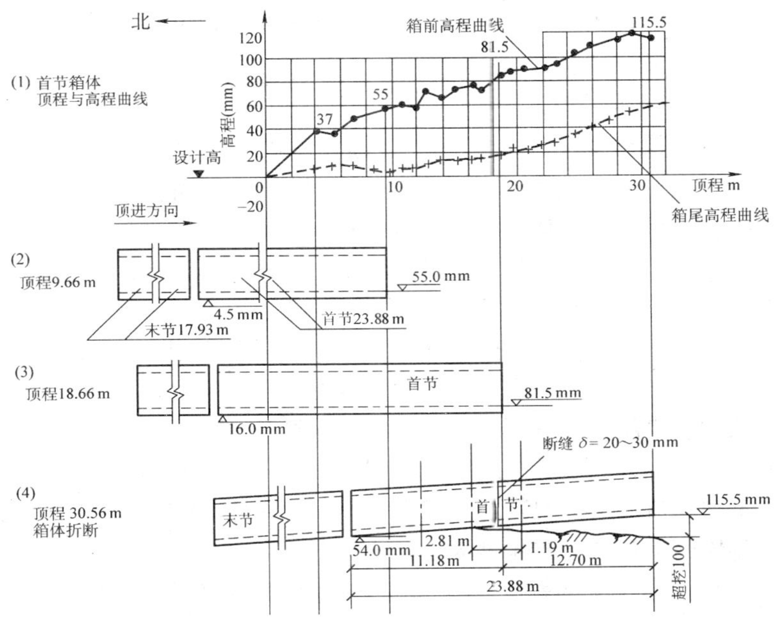

图 13—6　刚架顶进中高程曲线与横向折断情况示意图

未经设计同意，以接头防水不过关为由，擅将原设计的一、二两节并为首节长达 23. 88 m，在地耐力较高条件下，对于顶进中的抬头或扎头、结构纵向配筋和刚度，均缺乏量化分析和科学的技术评估，所以违规变更设计是箱节横向折断的主要原因。

② 地耐力较高，持力层压缩变形小：

从图 13—6(4)及曲线(1)看出，刚架悬空长达 12 m，可见地耐力之高，压缩变形之小，刚架在其悬空长度近 1/2 处折断。

③ 刚架顶进过程中的动态监控不力：

初始阶段未能控制抬头趋向，仍坚信“十桥九扎”一般的顶桥规律，若能及时安装刮土板控制挖土高程、抵消船头坡拥土顶进的抬头趋势，估计情况会有一定的改善(对于滑板预设 1. 6 ‰上坡,尚无调控手段且在技术上属于不可逆者)。

在顶程近半的中间阶段依旧抬头，为尽快改变抬头趋向又过量超挖，在顶程 30.50 m 时箱前最大悬空已达 115 mm，致使首节横向折断，一分为二。

（3）汲取的教训

持力层地耐力的高低，与顶桥的诸多因素相关，诸如：箱节合理长度、滑板坡度、船头坡与预埋刮土板安装螺栓，顶进中箱前挖土的掌控，箱体及时监测方向和水平及其动态调控手段和检查确认等等，特别是保证运输安全，无一不与施工组织和工艺相关，顶进施工中严格执行工艺是关键。

箱体入土初始阶段的方向和水平，对以后刚架走行轨迹起着重要的导向作用，特别是在地耐力较高的情况下尤为显著。对于刚架的顶进施工，既要借鉴已往的成功经验，更要结合顶桥境域的具体情况，因为质量经验是主观判断符合客观的实践积累，而质量教训恰恰是主观判断与客观实际彼此相悖的结果，所以实践中具体问题具体分析才是科学的选择。

（4）对于刚架就位后断缝和箱底悬空部位的补救措施

① 断缝处地基加固：

计算刚架就位后的断缝位置，在顶进过程中浇筑混凝土地梁（长×宽×厚为 1.6 m×6.85 m×0.5 m），使断缝居其中间、增强动载作用下的刚架整体性，杜绝刚架断缝的错动变形。

② 箱底悬空部位填实：

二站台两侧箱底悬空部位用干硬性砂浆捣实箱底间隙，断缝前后压注水泥浆（压力 500 kPa）填充间隙，力求刚架底板受力均匀，如图 13—7 所示。

③ 断缝防水：

刚架断缝宽窄不一，加之活载影响，先是采用胶乳水泥砂浆、微膨胀水泥砂浆处理数次仍效果不佳、漏水严重，最后只能用抽水机排除地道积水。后经铁研院化学所采用防水内处理工艺，向断缝处压注化学防水剂堵漏，才使地道渗漏水得以解决。

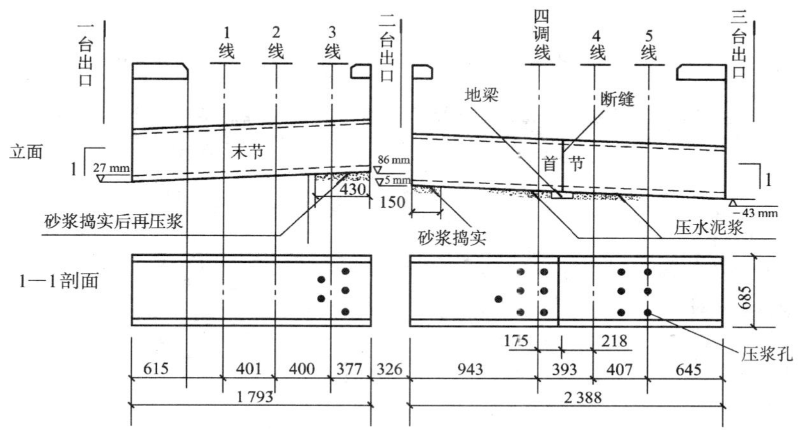

图 13—7　刚架就位后断缝与地基处理(cm)

第十四章　圬工结构的防水层和沉降缝

第一节　工艺流程和施工质量重点提示

防水层由垫层、防水层和保护层三部分组合而成。其施工工艺流程和质量重点提示如图 14—1 所示。

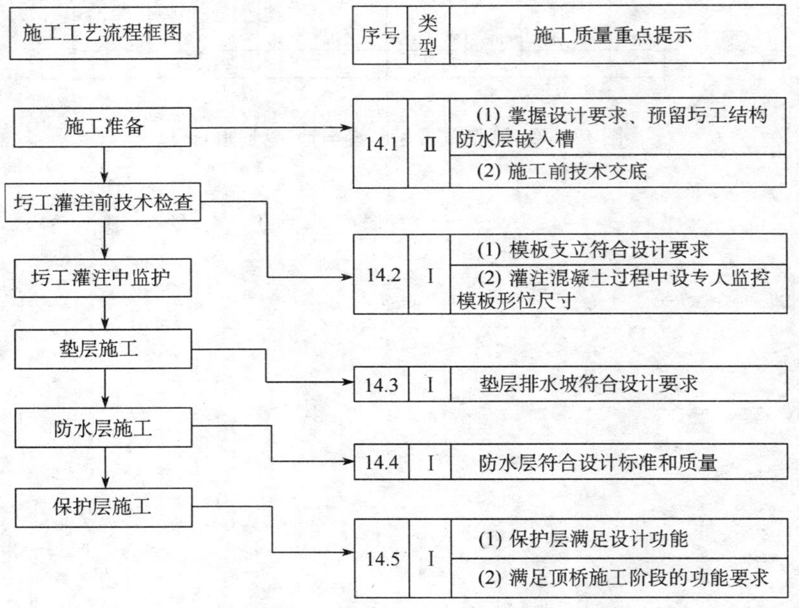

图 14—1　圬工结构防水层的施工工艺流程和质量重点提示

沉降缝的施工质量重点提示如下：

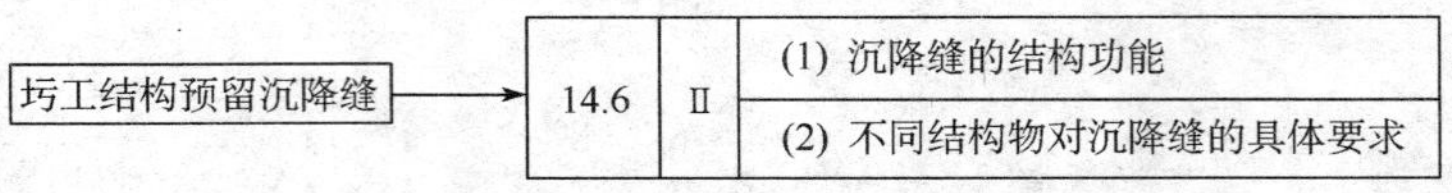

第二节　施工质量控制措施

与图 14—1 中施工质量重点提示及沉降缝的施工质量重点提示序号、类型所对应的质量控制措施如表 14—1 所示。

表 14—1　圬工结构的防水层和沉降缝施工质量控制措施

序号	类型	提示内容	缘由与说明	控制措施
14.1	Ⅱ	（1）掌握设计要求、预留圬工结构防水层嵌入槽（详右示意图。施工图不详时，可参照定型图、标准图处理）	桥台托盘遗漏嵌入槽或排水孔反坡等情况时有发生。前者造成防水层朝天缝，后者调坡难度甚大，由于一时疏忽，造成桥台托盘防水层质量的永久缺憾	① 桥台托盘、圬工梁道槽板： a. 预留纵、横向防水嵌入槽示意图如下： 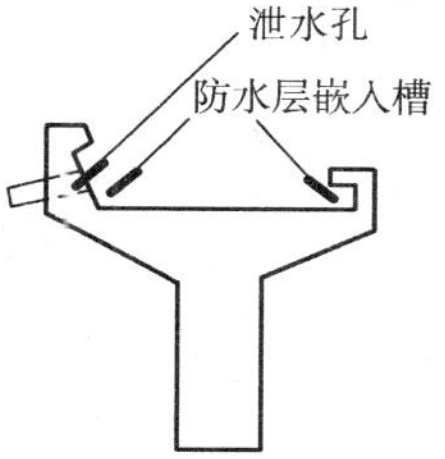 泄水孔 防水层嵌入槽 托盘、道砟槽、预留防水层嵌入槽示意图 b. 竖向或横向预留或埋设排水管 c. 托盘及道槽板表面在圬工成型时设排水坡利于有组织排水 ② 顶进式框架桥：顶板板面圬工按设计设坡，坡面平顺，便于防水层施工
		（2）施工前技术交底	施工技术人员应了解、掌握设计要求和标准，并向与之相关的操作人员进行文图并重的施工技术交底。 施工中的质量检查、工序结束后的确认，是质量过程控制的关键	① 对于施工技术人员： a. 熟悉并掌握防水层的设计标准和工艺 b. 技术交底简明扼要（预留构造设施名称、部位、尺寸以及文字说明） c. 节点大样草图 d. 混凝土灌注前检查、确认之后再行混凝土施工 ② 对于施工操作者： a. 模板支立满足混凝土灌注工艺要求 b. 混凝土灌注时全程监护、保证模板形位尺寸

续上表

序号	类型	提示内容	缘由与说明	控制措施
14.2	Ⅰ	（1）模板支立符合设计要求	嵌入槽多属悬空支模、极易变位变形，排水孔预留容易倾斜，故应全程监控、及时整修	a. 形位尺寸符合设计要求 b. 模板连接和定位、强度和刚度满足工艺要求
		（2）灌注混凝土过程中监控模板形位尺寸		a. 灌注混凝土过程中设专人全程监控模板形位尺寸 b. 发现问题及时处理，确保设计的形位尺寸正确，不变形、不反坡
14.3	Ⅰ	垫层排水坡符合设计要求	垫层的功能是实现排水的设计坡度、有组织排水的基础	a. 施工前在圬工表面标示排水坡的坡脊、坡底和垫层厚度 b. 清除圬工表面松动砂石及污物 c. 垫层圬工施工后及时养护
14.4	Ⅰ	防水层施工符合设计标准和质量	防水层的功能是防止雨水、雪水侵蚀结构物，延长结构物使用年限	a. 严格设计标准和质量要求 b. 严格施工工艺要求，保证施工质量和安全 c. 掌握防水材料的物理、化学特性 d. 操作人员持证上岗、确保安全施工
14.5	Ⅰ	（1）保护层满足设计功能	保护层的功能是保护结构物防水层在施工和运营期间不受损伤	a. 施工标准和质量符合设计要求 b. 保护层表面平整顺畅、无缺损 c. 确保结构物的排水功能
		（2）满足顶桥施工阶段的功能要求	能够负荷顶桥的线路加固设施或专用小台车的荷载，确保顶桥施工阶段保护层完好无损	① 使用小台车时： a. 细石混凝土强度不小于200级 b. 埋钢丝网 c. 混凝土厚度不小于100 mm d. 保护层表面平顺 ② 不使用台车时可不设钢丝网，其余要求与上述相同

续上表

序号	类型	提示内容	缘由与说明	控制措施
14.6	Ⅱ	（1）沉降缝的结构功能	沉降缝的结构功能在于确保结构物沉降变形自如、不受约束；避免结构物出现次生损害	① 施工前： a. 技术交底明确 b. 模板支立的刚度保证 c. 混凝土灌注厚度和进度在沉降缝两侧一致，杜绝偏压 ② 施工中： a. 设专人监护沉降缝模板 b. 出现偏差及时纠正复位 c. 全程监控沉降缝模板保持垂直的设计位置
		（2）不同结构物对沉降缝的具体要求	预留沉降缝在施工实践中的通病表现为：竖向沉降缝不在一条垂直线上，偏斜或上下形成错台，缝宽不一致，形成局部错台。 质量通病一旦形成，则难以返工达标，所以施工的质量控制一定要在工序过程中实现	① 圬工结构现浇部位（基础、墩台或边墙）与安装结构物（梁跨或板）的沉降缝，应在一条垂直线上且缝宽一致无错台： a. 盖板涵：基础、边墙及盖板 b. 顶进式刚架桥：底板、边墙和顶板 c. 桥梁下部结构：基础、墩台身和帽石 d. 拱桥（涵）：基础、边墙和拱圈 e. 钢筋混凝土圆涵：基础和管节 ② 对于预制混凝土构件： 盖板的长和宽、圆管管节长度均应小于设计 1 ~ 2 cm，确保安装缝与沉降缝相互对应顺直，在预留的安装空间之内便于施工操作，确保沉降缝的设计功能

第十五章　圬工梁跨人行道

第一节　工艺流程和施工质量重点提示

圬工梁跨人行道施工工艺流程和质量重点提示如图 15—1 所示。

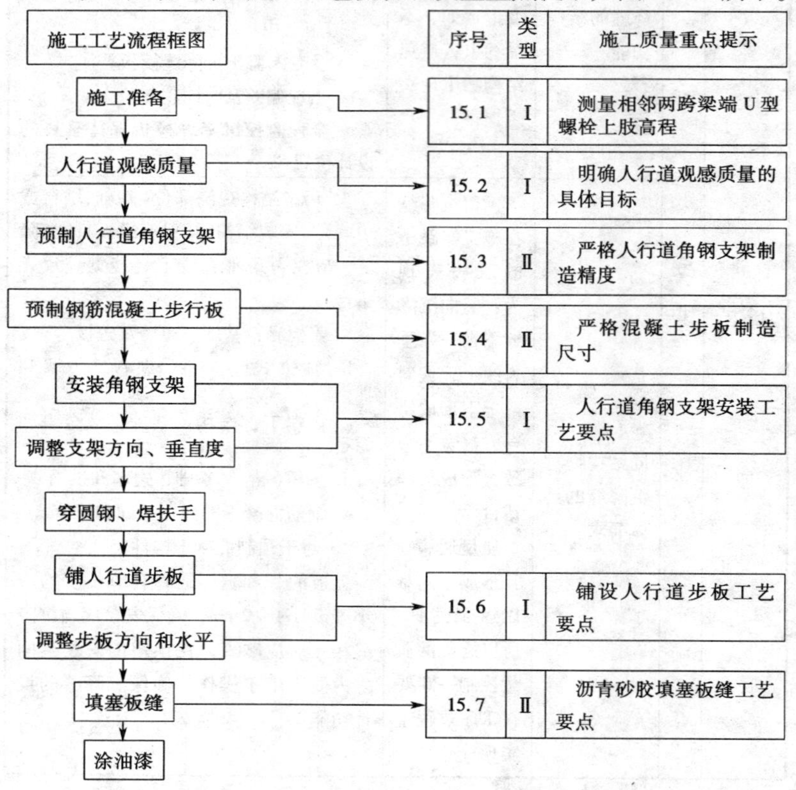

图 15—1　圬工梁跨人行道施工工艺流程和质量重点提示

第二节　施工质量控制措施

与图 15—1 中施工质量重点提示序号、类型所对应的施工质量控制措施如表15—1所示。

表15—1　圬工梁跨人行道施工质量控制措施

序　号	类型	提示内容	缘由与说明	控 制 措 施
15.1	Ⅰ	测量相邻两跨梁端U型螺栓上肢高程	掌握U型螺栓上肢实际高程，是全面规划人行道观感质量的基础数据	① 测量前应确认：梁跨已定位、支座已打砂； ② 逐孔量测相邻两跨梁端U型螺栓上歧高程差(简称肢高差)； ③ 肢高差>5 mm者作为非标支架，单独加工、统一编号、对号入座
15.2	Ⅰ	明确人行道观感质量的具体目标	观感质量、施工质量和使用功能状况三者统一，才是最佳的质量结果	① 全桥人行道纵坡顺畅、栏杆通直、目视平顺、人行道高度合于设计要求； ② 人行道跨间横向断缝处衔接自然、无错台、缝宽适中； ③ 步板牢稳、板缝均匀顺直
15.3	Ⅱ	严格人行道角钢支架制造精度	角钢支架预制的质量结果，决定着人行道安装质量和观感质量	① 角钢支架弯制成型和钻孔，以样板放线、模(胎)具加工为最佳； ② 肢高差>5 mm的非标支架，应调整螺栓孔孔位，务求全桥纵坡顺畅； ③ 角钢支架的步板顶面，不得高出梁跨挡砟墙墙顶，具体见本章第三节践后总结第一条； ④ 非标支架单独加工、对号入座；
15.4	Ⅱ	严格混凝土步板制造尺寸	严格混凝土步板的板形和尺寸，是保证安装质量的关键	① 预制混凝土步板的长宽尺寸缩小5 mm以利于安装，板厚不得出现负误差； ② 灌注混凝土步板建议采用角钢作侧模，对于保证板形和尺寸等效果较为理想； ③ 预制混凝土步板的钢筋位置、混凝土强度符合设计要求，注意成品保护

续上表

序　号	类型	提示内容	缘由与说明	控 制 措 施
15.5	Ⅰ	人行道角钢支架安装工艺要点	掌握人行道支架安装工艺、保证形位尺寸、直接影响人行道的功能质量和观瞻效果	① 角钢支架安装前，U型螺栓先涂油； ② 角钢支架与梁片之间应设垫圈见本章第三节践后总结第二条； ③ 支架安装的位置方正、间距准确； ④ 调整支架垂直度和横向尺寸可采用开口垫圈（右图）； ⑤ 预留人行道支架负荷后悬臂端的下垂(变形)量见本章第三节践后总结第三条
15.6	Ⅰ	铺设人行道步板工艺要点	安栏杆、铺步板、塞板缝，只要稍加精心、投入有限工时，即可实现人行道观感质量的预期目标。对于施工质量、功能状况以及观瞻质量三者的统一，就能在人行道的施工实践中实现	① 纵向挂线、横向找齐： a. 板缝方向顺直 b. 板缝均匀 c. 板端横向断缝平齐 d. 步板稳固 ② 步板纵坡顺畅、无错台： a. 跨间步板断缝处衔接自然 b. 板面高度不高于梁跨挡墙顶见本章第三节践后总结第一条
15.7	Ⅱ	沥青砂胶填塞板缝工艺要点		① 采用沥青砂胶填塞板缝，严格操作工艺保证施工安全、砂胶质量； ② 填塞板缝： a. 清除板缝内杂物 b. 砂胶填满板缝并捣实 c. 砂胶板缝不突起、不凹陷 d. 板缝与混凝土步板顶面持平

第三节 践后总结

一、角钢支架的步板顶面，不得高出梁跨挡砟墙墙顶

（1）《铁路桥涵设计基本规范》(TB 10002.1—2005)的规定

第3.3.6条规定，道砟桥面枕底应高出挡砟墙顶不小于0.02 m。

条文说明：为方便抽换枕木，道砟桥面枕底应高出挡砟墙顶一定的空间，规定不小于0.02 m。

（2）安装人行道步板时的顶面高程控制

桥梁人行道步板紧靠挡墙，故人行道步板顶面亦不得高出挡墙顶，否则与设计规范相悖，若在工程竣工验交时发现步板顶面高出挡墙顶的质量问题，返工工作量非同小可，因此在施工过程中应格外注意。

二、角钢支架与梁片之间应设垫圈

设置垫圈是设计的要求和规定，在标准图中也有明确标示。实际工作中往往对此容易疏漏，一则影响工程质量，二则返工困难。垫圈的设计功能至少有两个方面：

（1）垫圈有利于通风、排水，延缓角钢支架锈蚀周期

垫圈在梁片混凝土和角钢支架之间形成至少10 mm的间隙，利于支架排除雨水与通风并保持干燥，延缓角钢锈蚀、延长支架使用年限。

（2）调整角钢支架的安装位置

利用垫圈厚度的变化，调整人行道角钢支架立柱的方向和垂直度，预留支架负荷之后的下垂变形以及梁间人行道方向的调整和顺撬。

工程竣工验交时一旦发现漏置垫圈，其返工难度可想而知，所以严格质量过程的控制尤显必要。

三、预留人行道支架负荷后悬臂端的下垂(变形)量

（1）人行道悬臂端的下垂(变形)

人行道角钢支架铺设步板之后不久，往往出现板面向外倾

斜、悬臂端下垂等现象，施工的质量结果与设计相悖、观瞻效果不佳，在工程竣工验交时也有不少困难，如图 15—2①所示。此时欲将角钢支架和步板调平成图③，返工困难且费时，特别是线路、桥梁投产运营之后，更是困难重重。

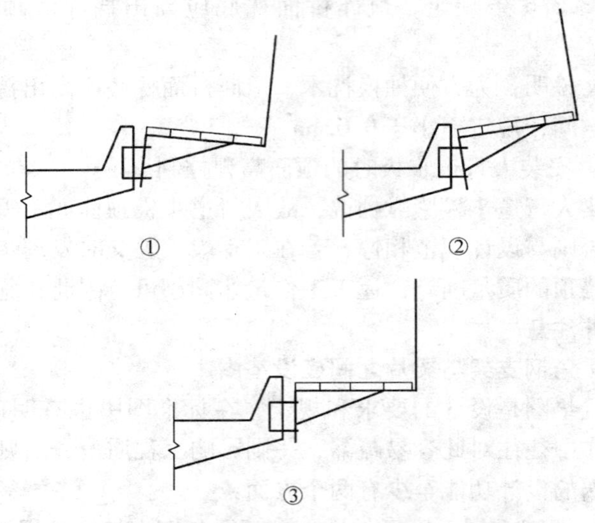

图 15—2　人行道安装情况示意图

（2）下垂的原因

① 安装工艺：

人行道悬臂端下垂变形量值与安装工艺质量密切相关，如支架垫圈使用数量、厚度以及安装螺母紧固程度、是否放置弹簧垫圈等；

② 圬工梁、挡砟墙的垂直度；

③ 人行道结构尺寸和自重：

人行道宽度、步板跨度（支架间距）与下垂变形量值二者表现为正相关；

④ 人行道负荷：与人行道是否放置过桥管线等设施有关。

（3）克服人行道悬臂端下垂变形的工艺措施

在人行道支架安装时利用垫圈的尺寸厚薄、预留其负荷后的下垂量如图15—2②所示，预留上翘的量值以试验确定为首选，在角钢支架正式安装之前选择2～3档具有代表性的人行道进行加载试验，利用混凝土步板或混凝土轨枕在支架悬臂端加载可获事半功倍的效果，加载后观察1天实测悬臂端下垂量，即可基本确定图15—2②所示的上翘量，最终获取图15—2③所示的质量结果。

第十六章　圬工梁跨的桥上线路

第一节　工艺流程和施工质量重点提示

圬工梁跨的桥上线路施工工艺流程和质量重点提示如图16—1所示。

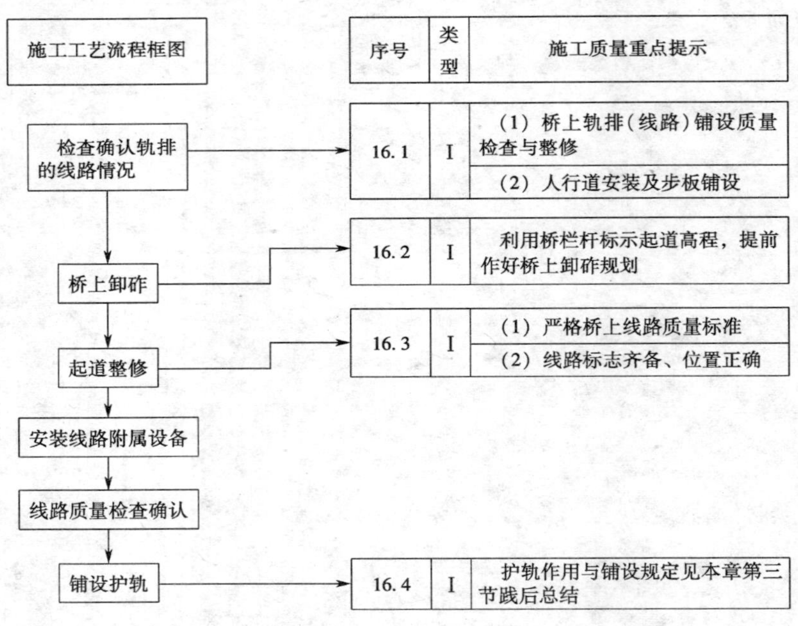

图16—1　圬工梁跨的桥上线路施工工艺流程和质量重点提示

第二节　施工质量控制措施

与图16—1中施工质量重点提示序号、类型所对应的施工质量控制措施如表16—1所示。

表 16—1　圬工梁跨的桥上线路施工质量控制措施

序　号	类型	提示内容	缘由与说明	控 制 措 施
16. 1	I	（1）桥上轨排（线路）铺设质量检查与整修	架梁铺设轨排的目的是架梁，而卸砟前则应按线路质量标准严格检查、整修，合格后再卸砟，以免返工	严格执行铺轨施工规范和《验标》的质量规定： a. 桥枕数量、间距、方正情况 b. 钢轨长度、轨缝、轨距、超高、加宽、接头位置、空吊板 c. 配件齐全、螺栓涂油与紧固
		（2）人行道安装及步板铺设	人行道宜早投产，一则桥上作业安全，二则卸砟不至掉落桥下	a. 混凝土步板铺设严禁断档、探头 b. 板缝应填塞密实 c. 跨线桥卸砟应局部设网防止落砟伤害
16. 2	I	利用桥栏杆标示起道高程，提前作好桥上卸砟规划	规划卸砟的目的：按需卸砟、砟量适宜、分布均匀、减少桥上倒运	a. 依桥梁纵断和底砟现状等规划卸砟车停车车位和走行距离 b. 曲线内外股卸砟量合理安排 c. 注意及时清除道眼确保卸砟车在桥上的走行安全
16. 3	I	（1）严格桥上线路质量标准	桥上线路卸砟后整细，应按《验标》的质量标准严格执行。除轨道自身和护轨外，尚有线路及桥梁标志、桥梁及墩台编号、接管单位需要的水位标等	① 纵断： a. 轨底高程符合设计 b. 竖曲线、超高、左右股水平符合《验标》要求 ② 平面： a. 中线、方向、线间距等达标 b. 由线圆顺、加宽符合规定 ③ 道床尺寸和外观符合《验标》要求
		（2）线路标志齐备、位置正确		a. 里程、坡度及桥号标 b. 由线标 c. 轨腰处的轨号、曲线元素等标示齐全
16. 4	I	护轨作用与铺设规定	护轨铺设应严格按相关规范执行，力求一次验收	有关护轮轨的作用、铺设地点的规定见本章第三节践后总结

第三节 践后总结

铁路桥梁护轮轨的作用与铺设地点的相关规定

1. 护轮轨的作用

（1）在桥上

护轮轨设于基本轨内侧，当机车车辆在桥头或桥上掉道后翻车，能将脱轨车轮限制在护轨与基本轨之间的轮缘槽内，以免机车车辆撞击桥梁或坠入桥下的事故发生。实践证明，上述情况多有发生且护轮轨的作用显著，故对其设置是非常必要的。

（2）在平交道口

保障列车运行时车轮行驶的应有空间，并保持轮缘槽的平顺。

2. 护轮轨铺设地点的相关规定

（1）特大桥及大、中桥(桥长 >500 m 及 100 ~500 m、20 ~100 m)应铺设护轮轨；

（2）桥长≥10 m 的小桥，当曲线半径≤600 m 或桥高(轨底至河床最低处) >6.0 m 时应铺设护轮轨；

（3）跨越铁路、重要公路、城市交通要道的立交桥应铺设护轮轨；

（4）三线及以上的桥，当各线桥面分别设于分离式的桥跨结构上时，各线均应铺设护轨；当各线铺于同一桥跨结构(如整体刚架桥)上时，可仅对两外侧线铺设护轮轨；

（5）跨越铁路的立交桥，桥下铁路轨道中心距上跨桥的柱距 <3.0 m 时，应铺设护轮轨；

（6）轨道路肩设有挡墙的线路应铺设护轮轨；

（7）铁路与公路的平交道口应铺设护轮轨。

注：本节系根据铁路桥涵和轨道设计规范有关规定的综述。

第十七章　改建既有线、增建二线桥梁

第一节　工艺流程和施工质量重点提示

改建既有线、增建二线桥梁(简称“两建”)施工工艺流程和质量重点提示，如图 17—1 所示。

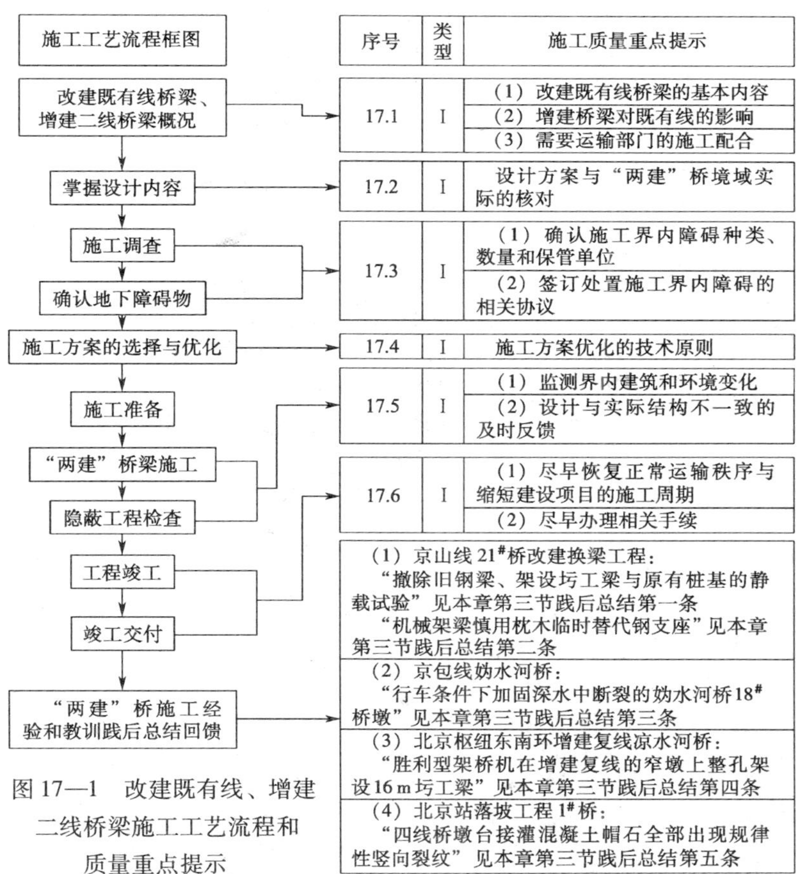

图 17—1　改建既有线、增建二线桥梁施工工艺流程和质量重点提示

第二节　施工质量控制措施

与图 17—1 中施工质量重点提示序号、类型所对应的施工质量控制措施如表 17—1 所示。

表 17—1　改建既有线、增建二线桥梁施工质量控制措施

序号	类型	提 示 内 容	缘由与说明	控 制 措 施
17.1	I	（1）改建既有线桥梁的基本内容	掌握“两建”内容抓住技术关键，制订针对性的施工方案	① 更换旧钢梁 ② 提高或降低桥梁高程 ③ 更换或调整桥梁支座 ④ 返修防水层 ⑤ 圬工桥梁体外预应力 ⑥ 墩台基础加固或加深
		（2）增建桥梁对既有线的影响	由增建引起的负面影响只有事前考虑的充分、详实，才能在事后施工中得以正常、安全有序地进行	根据增建二线桥梁结构类型和施工方案，预计对既有线可能造成的负面影响： ① 对既有建筑物、设备： a. 抽水流砂 b. 施工震动 c. 挖基失衡 ② 对运输秩序： a. 限界 b. 限速 c. 临时封锁(时间及范围) d. 影响运输秩序的应急预案和物质准备
		（3）需要运输部门的施工配合	运输与施工双方密切配合、协作，是保证运输和施工安全的关键	① 成立“两建”施工安全领导小组 ② 提前发布调度命令： a. 限速地点及车速 b. 超限货物列车限行 c. 依据施工企业申请发布恢复正常运输秩序命令

续上表

序号	类型	提示内容	缘由与说明	控制措施
17.2	I	设计方案与“两建”桥境域实际的核对（涉及结构设计的图、实不符情况，及时向有关部门反馈）	只有在掌握设计方案和“两建”桥境域实际的基础上，才能对施工方案和工艺的关键作出准确的判断，才能实现预期的安全、质量目标	① 既有线桥梁竣工文件与设计资料核对： a. 基础类型、尺寸、埋深及高程 b. 持力层土壤名称及容许地耐力 c. 水文资料及地下水位 d. 施工经验和教训 ② 设计资料与实际情况核对： a. 线间距 b. 轨道情况 c. 行车密度 d. 车速 e. 梁跨与轨底高程 ③ 有关制约施工的关键和难点的判断： a. 失稳防范（挖基或顶桥） b. 线路加固的安全储备 c. 严格监测与及时反馈
17.3	I	（1）确认施工界内障碍种类、数量和保管单位（业主）	保证“两建”桥施工和运输安全是重中之重，这不仅仅是施工企业的责任，其中更有重大的社会责任蕴含其间	① 地表和空中可见部分的设施、设备； ② 探明地下施工界内受影响的各种管、线和设备的数量： a. 确认大致方位和走向 b. 人工开挖纵、横向探坑和探沟确定准确位置，杜绝设备受损 c. 初步确认地下管线的功能和业主 d. 请保管单位现场指点再确认
		（2）签订处置界内障碍的相关协议		签订协议的主要类型、内容和责任： a. 临时挪移 b. 就地防护 c. 移建或拆除 d. 设备监护与应急责任 e. 安全措施

续上表

序号	类型	提示内容	缘由与说明	控制措施
17.4	I	施工方案优化的技术原则	花在方案比选、工艺优化上的时间和精力，与其践后实效相比是事半功倍的，尤其是“两建”桥的施工和工艺与运输秩序密切相关，故应特别注意	① 施工方案和工艺通过比选、择优之后确定(方案符合实际、工艺可行)； ② 在安全(施工和运输)与施工质量上有保证，做到保证措施落实到人； ③ 施工对运输影响最小(限界、限速以及施工周期)； ④ 施工对环境影响最小(不危及界内建筑及设备、排污措施，不因施工引发次生灾害)
17.5	I	(1) 监测界内建筑和环境变化	施工前对于“两建”桥施工引起的安全问题应有预案和日常监测，只有监控的具体措施落实到位，方能防患于未然	① 界内建筑、运营设备提前作出标示(高程、垂直度以及地面沉降和开裂)便于施工监测和比对并及时分析原因； ② 出现变化找出原因并采取果断措施，特别是危及行车和人身安全等隐患； ③ 事前制订针对性预案和相应的物质准备； ④ 处置安全和质量突发事件果断、及时、不推诿
		(2) 设计与实际结构不一致的及时反馈	预计关键部位的施工时间，提前约请设计、监理人员到场确认	① 与安全密切相关的主要内容： a. 基础埋深 b. 基础尺寸 c. 影响既有桥稳定的因素 ② 搞清情况画出草图及时向设计反馈，最好提出处置方案，以争取时间

续上表

<table>
<tr><th>序号</th><th>类型</th><th>提 示 内 容</th><th>缘由与说明</th><th>控 制 措 施</th></tr>
<tr><td rowspan="2">17.6</td><td rowspan="2">I</td><td>（1）尽早恢复正常运输秩序与缩短建设项目的施工周期</td><td rowspan="2">工程越是接近尾声，越要强化管理、提升安全防范意识。
要把缩短施工周期、及时竣工验收、确保运输和施工安全以及尽早恢复正常运输秩序的理念和行动贯彻始终</td><td>① 分期、分批交付运营：
a. 线路先于桥梁
b. 桥梁附属建筑（护锥、护坡）、下部结构（墩、台）先于梁跨
c. 相关手续双方签认
② 抓紧收尾工程尽早全面交付；
③ 建设项目收尾阶段更要强化安全防范意识：
a. 限界
b. 工具放置
c. 人员进退场防护</td></tr>
<tr><td>（2）尽早办理交接手续（验收报告签认后生效、恢复车速应以运输调度命令为准）</td><td>① 工程竣工验收报告：
a. 交付工程内容
b. 安全责任
c. 交付时间
d. 存在问题与完成时间
② 抓紧转移固定资产的三个必要条件：
a. 工程验收报告
b. 工程竣工文件
c. 末次计价</td></tr>
</table>

第三节 践后总结

一、京山线21#桥改建工程的桩基静载试验

京山复线21#桥为14～20 m上承钢板梁桥，下部结构为混凝土实体墩台、木桩基础，该桥建成于解放前。上世纪70年代为配合天津海河治理工程、满足海河水系规划最高水位要求，21#桥需要进行抬道、换梁等铁路工程改建。

在诸多改建方案中，首选方案是采用同跨钢筋混凝土低高梁取代旧钢梁，一则压缩梁高、增大过水断面满足最高水位要求，

二则圬工梁在长期运营中能够减少大量维修费用。运营多年的老桥，其墩台基桩能否负荷圬工梁跨的荷载，特别是对于木桩桩数、桩径、桩长、桩的质量现状以及木桩承载力等技术状态尚不明确的情况下（档案资料亦不详细），改建方案确定的关键，取决于老桥桩基质量现状和单桩承载力。只有在搞清情况、确定木桩承载能力等前提条件下，才能确定施工设计方案，否则任何决策都缺乏科学和可信的技术支撑。

(1) 搞清桩群现状、采用静载试验确定木桩承载力

利用枯水期并上游关闸断流的有利时机，选择一个桥墩对其基础挖探搞清桩群现状，对其中一根木桩进行承载力试验，为改建方案决策提供定量的技术依据。

① 搞清桩群现状：

选择主河槽附近桥墩开挖四周，露出承台底，探明纵、横两个方向木桩排列和布置，据此计算桩数、量测桩径，由于木桩长度难于搞清，只能通过试验确定其单桩承载力。

② 木桩进行静载试验确定承载力：

选择垂直线路方向最远端的木桩（相对受力较小）为试桩，有关木桩静载试验情况如图 17—2 所示。试验工作步骤如下：

确定试桩⟶开挖静载试验工作坑⟶截断木桩⟶放置油压千斤顶⟶安装测量支架⟶试桩分段加载⟶观测荷载与沉降变形⟶加载至设计单桩承载力两倍⟶记录荷载与沉降曲线（$P \sim S$）⟶木桩沉降正常（未达破坏阶段）⟶沉降值稳定⟶木桩容许承载力符合设计要求（抬道、

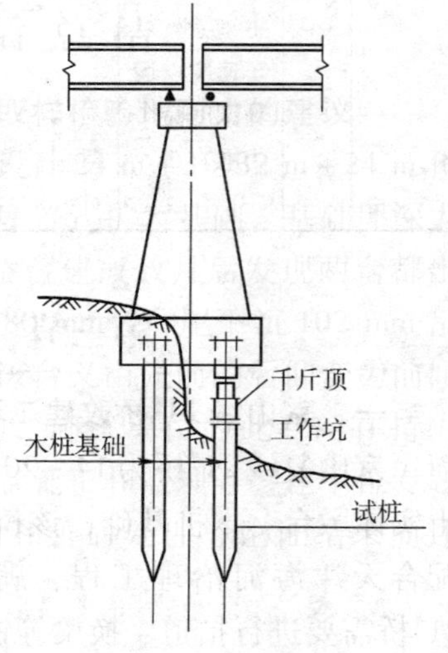

图 17—2　既有桥木桩基础静载试验示意图

换梁方案）。有关试桩及静载试验的技术要求和规定见第四章第三节践后总结第一条至第三条。

③ 原有木桩的质量现状：

在对试桩锯桩过程中，从两人锯桩的用力、锯末颜色和形状以及木桩质地等一切均属正常，未见腐朽迹象，综合判定木桩的质量现状符合设计要求。木桩长期不腐朽缘于该桥承台底一年四季均处于常水位之下，没有干、湿交替的往复。

（2）结论：鉴于木桩桩群质量现状、单桩承载力能够满足抬道换梁的设计要求，其间静载试验为改建方案的最终确定提供了科学的决策依据。

二、机械架梁慎用枕木临时替代钢支座

（1）桥机吊梁走行通过临时枕木支座出现的险情：

背景与本节第一条相同的21#桥，架设20 m低高梁采用悬臂式80-55型架桥机、拨道架梁一次就位，由于钢支座供应不及而使用再用枕(旧枕木)临时替代钢支座作为梁跨支点如图17—3所示。

图17—3　使用旧枕木临时替代钢支座

在架设下行线第10孔梁时，桥机吊梁走行的前轮组即将越过第9孔梁的梁端刹那，随着一声清脆响声桥机突向右侧倾斜约30 mm，起吊的梁片在空中左、右晃动，所幸桥机前后轮组均未脱轨。当时即令顶送桥机的机车刹车并退至安全地段，使前轮组尽快离开情况异常的第9孔梁梁端，同时又分别在平衡重及悬吊梁片之下设置保险木垛以保安全。

事后检查发现：桥机突然倾斜缘于临时枕木支点有瑕疵，当桥机前轮组到达且将要通过时，枕木不堪重负造成局部压缩变形达40 mm，从而导致第9孔梁梁端两片梁产生上下约30 mm错动，端隔墙连接钢板焊口剪断、钢筋混凝土、隔墙混凝土局部开裂并脱落的严重后果如图 17—4 所示。

(2) 汲取的教训

① 施工决策草率：

架设圬工梁，特别是悬臂式架桥机吊梁前进时的大轴重(前轮组 4 轴、轴重 470 kN、总重达 1890 kN)，通过梁跨枕木支点时的荷重缺乏科学认知，如：枕木支点容许的横纹压应力、承载面积以及再用枕的质量状态有否瑕疵等，在使用枕木作为临时支点之前未作技术评估和施工检算，这有悖于科学决策的技术常规。

图 17—4 梁端横隔墙连接钢板焊口剪断、混凝土局部开裂、脱落

② 技术管理缺位：

采用旧枕木作梁跨临时支点，对其结构功能的重要性认知不足，从旧枕木的选材、装车直至运抵墩顶安装使用等工序，全部的施工过程环环失控，这也有悖于施工技术管理的常规。

三、行车条件下，加固深水中断裂的妫水河桥 18# 桥墩

1970 年 8 月 6 日北京铁路局革委会 71 号电报："京包线妫水河桥经潜水检查发现 18# 桥墩墩身与基础承台连接处断裂，要求北京分局：(1) 对该桥 18# 墩设专人全面负责监视检查，发现危及行车安全时立即采取有效措施；(2) 该桥自 8 月 7 日起限速 45 km/h 运行，并严禁列车在桥上制动；(3) 立即对 18# 桥墩进行加固，由工程总队进行安排施工，以确保安全。"

自上世纪 50 年代中期至 70 年代初，该桥运营期间曾先后有 10 个墩次出现断裂，分别由原铁道部第六工程局和大同工程段等单位对其水下加固，此次 18# 墩出现断裂为第 11 次水下加固。

对于妫水河桥 18# 墩墩身与承台间为什么断裂、全桥 19 个桥墩竟先后断裂 11 个墩次之多(6# 墩曾两次断裂、两次加固)，有关该桥的历史沿革和境域变化，有一段值得回忆与深思的工程往事，及至今日对于铁路基本建设的设计、施工以及工务的维修养护亦颇有启迪，对此我曾聆听已故工务、工程界前辈薛仁义讲授其历史过程，现回忆如下。

京包线妫水河桥为20～32.0m上承钢板梁桥，下部结构为混凝土实体圆形桥墩、墩高约18m，后仰埋式桥台、墩台均为桩基桩，建成运营于上世纪50年代初。后因北京修建官厅水库，导致该桥的跨越对象已由冬季枯水、不断流、不结冰的妫水河，转换为长年蓄水、不流动或流速很小且天冷结冰的水库库区。该桥在其后的运营过程中，巡道工曾发现桥上的线路中线有规律地左、右偏移变位以及桥墩墩顶偏转（墩身断裂）等危及行车安全的质量隐患。有关情况简述如下：

情况1. 桥上线路中线规律性地左、右偏移变位

该桥中线基本为南北走向，在冬季结冰期，巡道工偶然发现桥上线路中线（简称中线），随着太阳升降有规律地左、右偏移变位，即：日出之后中线向左偏（西侧）、中午时分中线回归正位、太阳西斜中线向右（东侧）偏，而日落之后中线又恢复原位的怪现象，其间尤以晴天为甚。

情况2. 中线偏移原因

为搞清中线有规律的偏移现象，曾请教当时援华前苏联专家指导帮助，通过多次组织相关人员现场观察、量测、分析判断之后认为：中线偏移的根源并非线路自身移动，而是受桥墩墩顶左右偏转变位，带动板梁和中线同步变位运动的结果。

对于墩顶的偏转通过多次观察和量测分析，库区冬季结冰，桥墩居于其中，四周被冰层包围约束，而桥梁中线又恰值南北走向，日出之后阳光直接照射桥墩东侧（向阳面），冰面温度升高、体积膨胀，桥墩西侧背阴、冰温和体积依旧，由于冰温差造成桥墩东西两侧冰层的胀缩不同（水和冰的物理现象：水在0 ℃结冰且体积膨胀，而处于0 ℃以下的冰层也具热胀冷缩的现象），冰层压力大小不同而左右失衡，即冰压较大的东侧膨胀横推桥墩向冰压较小的西侧（阴面）偏转位移，这是桥墩墩顶带动板梁和中

线随着太阳照射时间和强度变化而左(西)、右(东)交替有规律地偏转位移的原因。

情况 3. 最后结论认为：变更妫水河桥原设计的跨越对象(河流变水库)、改变该桥的境域条件之后，水库结冰受日照影响导致桥墩东西两侧冰压失衡、墩身底部断裂，造成墩顶偏转带动板梁和中线有规律地偏移变位(原设计跨河的墩周不结冰)。

为此，其后每年在水库结冰期，工务维修部门设专人于墩周日夜破冰，从根本上消除墩周失衡的冰压力，并有潜水员适时检查水下桥墩结构的质量状态。图 17—6 ~ 图 17—12 为妫水河桥升降式工作台和部分施工照片。

(1) 18#桥墩加固设计情况

在墩身与承台间断裂处设 5 m 高的钢筋混凝土套箍，将 2 m 高的承台 2 以及断裂处向上 3 m 高的墩身包围封闭，钢筋混凝土套箍内切圆直径 8 m、分 6 片预制的钢模在平台上组装成 12 个边的多边形如图 17—6 所示。(加固设计的平面尺寸与以往相同,18#墩加固钢模从大同工程段借用。)

(2) 18#桥墩加固方案的确定

以往桥墩加固，施工单位采用水上浮鲸，全部加固材料和设备置于其上以动力船牵引，形成活动的水上施工作业平台，虽然水上设备较多、施工准备时间较长，但施工作业操作方便、机动性也强。

对于距离北岸 80 余米的 18#墩，依其实际情况力求加固方案简单、实用和快捷，有关加固工艺的关键和对策简述如下：

① 混凝土搅拌站不下水：砂石及水泥用料、搅拌机设于北岸滩头；

② 混凝土运输采用泵送：利用自制混凝土输送泵和管道、空压机供风泵送 80 m；

③ 水上悬吊作业平台：在钢梁桥枕间空隙横穿工字钢、设钢绳柔性连接在墩周的 12 m × 12 m 作业平台之上，作业平台的功能有二：一是组装分片式钢模、钢筋成型之后，利用平台中空

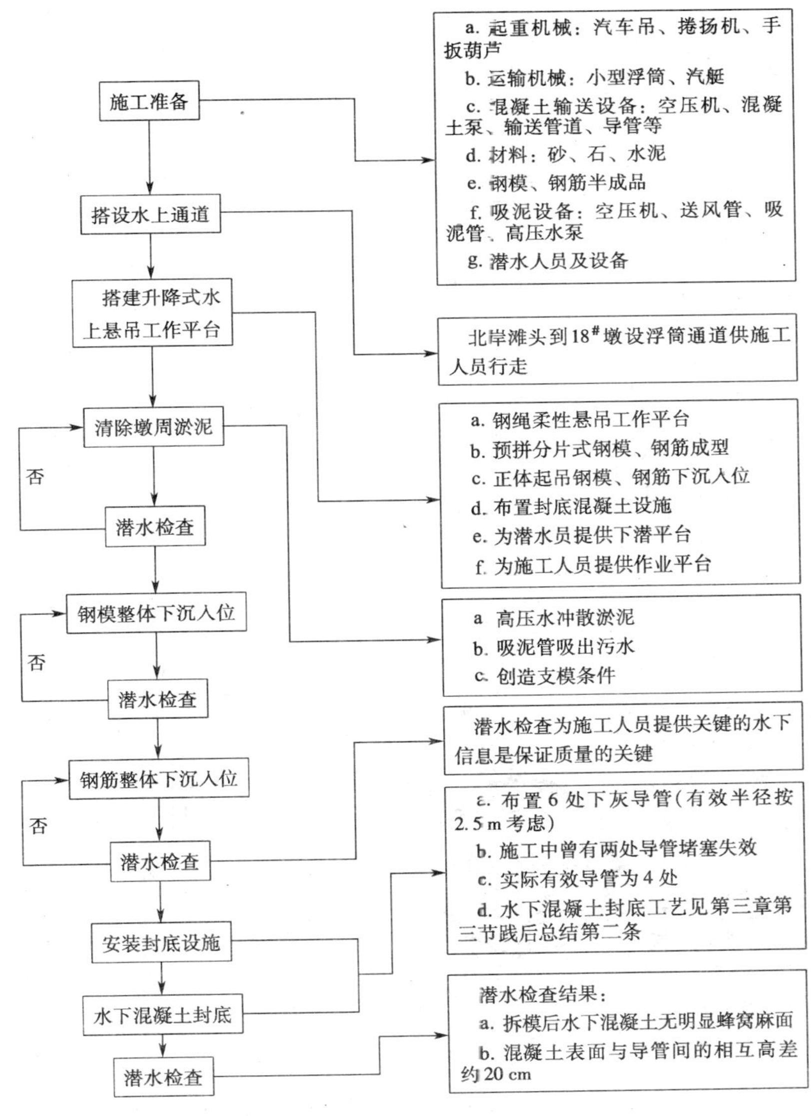

图17—5　18#墩水下加固施工工艺流程

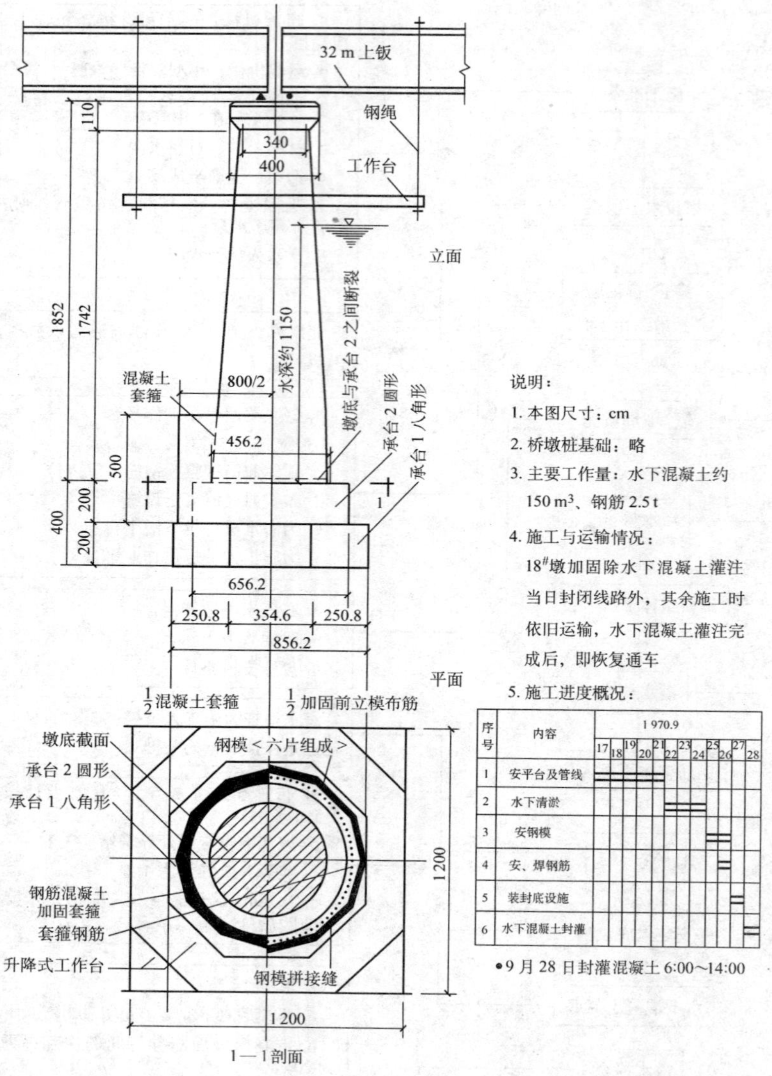

图 17—6　京包线妫水河桥 18#桥墩加固与升降式工作台

部位下沉就位，二是布置水下封底混凝土导管和漏斗、为施工人员提供作业空间；

④ 水上运输：租用硅酸盐厂小型钢浮筒，运输钢模和钢筋，搭设水上便道承载混凝土输送管道以及人员走行，小型汽艇作为水上牵引动力船；

⑤ 起重设施(备)：岸上起吊钢模和钢筋为4 t汽车吊，水上平台起吊分片式钢筋、钢模以及组装成型之后的整体吊装和下沉入位，采用多个手动葫芦和捲扬机、多个吊点同步升降作业。

(3) 18#墩水下加固——钢筋混凝土套箍施工工艺流程(图17—5)

图 17—7　京包线妫水河桥

图 17—8　18#墩采用自制吸泥机正在水下吸泥清淤

图 17—9　泵送混凝土进行水下混凝土灌注

图 17—10　在行车条件下加固 18#墩深水基础

图 17—11　妫水河桥跨越性质改变：由跨河变为穿越常年蓄水的水库

图 17—12　18#墩水下清淤之后，在悬吊工作台上组拼钢模、准备下沉就位

四、胜利型架桥机在增建二线的窄墩上整孔架设 16m 钢筋混凝土梁

北京枢纽丰双复线凉水河中桥 2 ~ 16 m 钢筋混凝土梁，在一线运营的双线墩台上架设预留的二线桥梁，一、二线间距 4.0 m，双线桥墩半宽 4.3 m，使用自备胜利型 130t 架桥机架梁。

（1）架设凉水河桥二线桥梁的技术难点

① 桥机架梁状态时侵限 0.2 m：

胜利型架桥机架梁状态工作宽度 4.4 m、半宽 2.2 m，对于一、二线的 4 m 间距而言，侵限 0.2 m。

② 桥机架梁时大臂摆头，0#柱支点悬空 0.55 m：

桥机架梁时大臂摆头 1.8 m 之后，对于桥墩半宽仅有 4.3 m 的窄桥墩而言，0#柱支点已探出墩外悬空 0.55 m，且桥高 6 m、水深 3 m，临时加宽桥墩较为困难。

③ 对墩宽 4.3 m 的难点根据《铁路架桥机架梁暂行规程》（铁建设〔2006〕181 号）第 8.4.1 条第 1 款，将其界定为“特殊

桥梁架设”。

④ 对于墩宽不足6.0 m窄墩的理解，摘录《铁路架桥的架梁规程》(TB 10213—99)第10.4.1及10.4.2条的条文说明如下：

窄墩：墩台顶帽不足6.0 m的桥墩为窄墩，窄墩架梁是指由于墩宽不足，不能按正常方法直接落位或移梁到位的桥墩，同时窄墩又是相对概念，其定义因桥机类型不同而不同，具体情况如下：

a. 悬臂式桥机前端无支柱：在直线上架梁可通过拨道直接落位，故窄墩问题不存在；

b. 单梁式胜利型桥机架梁：必须在墩顶移梁，故墩宽应满足移梁需要，否则属于窄墩。

(2) 整孔架设16 m圬工梁的方案提出

凉水河架梁难点之一的桥机侵限0.2 m，可以临时将桥头线间距由4.0 m拨宽为4.2 m，以满足架梁和运营等安全需要；难点之二的窄墩欠宽0.55 m，可以改变以往分片架梁为整孔架设，以求大臂居中不摆头、直接落梁就位的效果。胜利型桥机可以起吊130 t、架单片32 m梁，相对于16 m整孔圬工梁的重量和长度，尚有近一倍的潜能储备，在技术上有较大可能性。上述克服二线架梁难点的技术对策，仅仅属于定性层面的分析和判断，如若具体实施尚有以下工作需要量化和模拟试验，以确保架梁安全：

① 梁片在桥头路基(桥机前方)组装成孔：

16 m整孔圬工梁不能穿腹，梁片只能按常规办法通过龙门吊、2#车过渡到1#车，穿腹后卸梁片于桥机前方路基组拼成孔，如图17—13①所示。

② 桥机主要结构部位检算：

16 m整孔梁与32 m梁片重量相近，唯前者两个吊点较为集中需检算确认，事先对桥机前后轴重、大臂应力和挠度等检算后认为可行，但0#柱反力计算值为1065 kN较之架设32 m梁921 kN增加15.6 %，经过稳定检算后尚有潜力，可以满足整孔

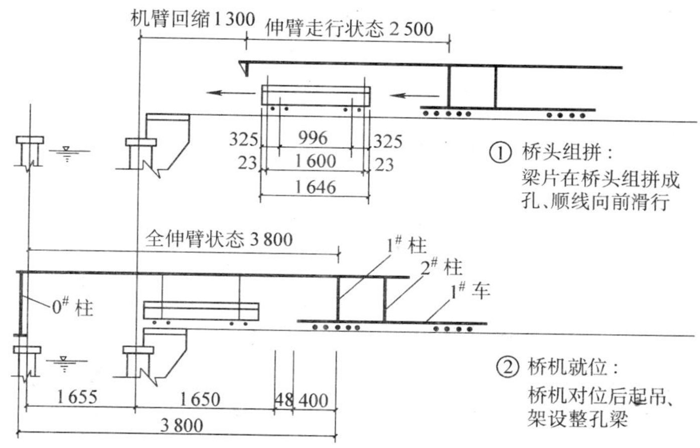

图 17—13　胜利型架桥机整孔架设 Lp = 16 m 钢筋混凝土梁示意图（cm）

架梁需要。

③ 16 m 梁整孔架梁桥头模拟试验：

整孔梁在桥头进行起吊、下落，桥机伸臂 25 m 走行，整孔梁在桥头线路上向前滑行等工艺模拟试验，待其全部确认后方能正式架梁作业，如图 17—13②所示。

④ 大臂挠度测量：

整孔架设 16 m 圬工梁产生绝对最大弯矩的挠度计算值为 166 mm，模拟试验时挠度 153 mm，均小于架设 32 m 梁的计算值。

通过检算、试验和实测后认为：整孔架设 16 m 圬工梁工艺可行、安全有保证，可按整孔架设方案实施。

（3）16 m 圬工梁整孔架设效果

整孔梁就位后梁跨支座横向偏差 5 ~ 12.5 mm 符合质量规定，对支座纵向错开、同端两支座中线间的横向距离误差未测。

（4）16 m 圬工梁整孔架设工艺流程要点

临时拨宽桥头线路间距──→加固卸梁台位──→桥机与龙门

架进场──→倒运梁片至桥头(桥机前方)──→梁片组装成孔──→整孔梁顺线向前滑行至桥台──→桥机(1#车)对位──→桥机起吊整孔梁──→整孔梁沿大臂前行──→对位──→落梁至墩台滑道之上──→撤除吊梁千斤绳──→梁跨横移 0.2 m 就位──→支座安装及打砂。

五、四线桥墩台接灌混凝土帽石出现规律性竖向贯通裂纹

北京站系 1959 年建国 10 周年十大建筑之一，紧邻车站喉区的 1#桥(桥上四条线路)属其配套工程，由于桥下为规划的通航河道，为满足航行限界的规定，设计主跨为 46 m 悬臂梁、进出站坡度则为 12 ‰。桥梁下部结构的沉桩及混凝土墩台由中铁大桥局施工，由于某些原因悬臂梁未能建成。北京站 1959 年开站运营时，进出站列车只能避开已竣工的墩台走行临时便线过渡。

1965 年北京市地铁改河施工，要求拆除便线、开通 1#桥并明确河道不再通航，藉此北京站落坡改建工程立项：一是降坡，由 12 ‰降至 4 ‰，需对原有墩台爆破降低 3.0 m 之后接灌帽石；二是变更梁跨，主跨 46 m 悬臂梁改为两孔 23 m 简支梁，需增建桥墩一个；三是架梁及拆除便线。

全桥 8 个墩台接灌的钢筋混凝土帽石，全都有规律地分布数条竖向贯通裂纹，从当时铁路桥涵相关的施工工艺和规范中难以找出原因，后曾请教水利部专家，借助混凝土大坝规范，对帽石开裂原因有了初步认知。

(1) 接灌混凝土帽石裂纹基本情况

1#桥除桥上四线之外并在其双侧另有人行道梁以美化观瞻，故墩台垂直线路长度为 25 ~ 30 m、顺线宽度为 1.7 ~ 3.5 m，由于车站落坡需将原有墩台爆去 3 m 之后接灌帽石混凝土，冬季钢筋混凝土帽石采用蓄热法工艺于 1966 年 1 月完成。拆模后除新增桥墩之外，其余 8 个帽石沿长度方向均有间隔性的竖向裂纹约 4 ~ 5 条，裂纹多出现在变截面处，配筋部位裂纹较细、无筋部位较粗，裂纹宽度约 1 ~ 1.5 mm 见图 17—14 及

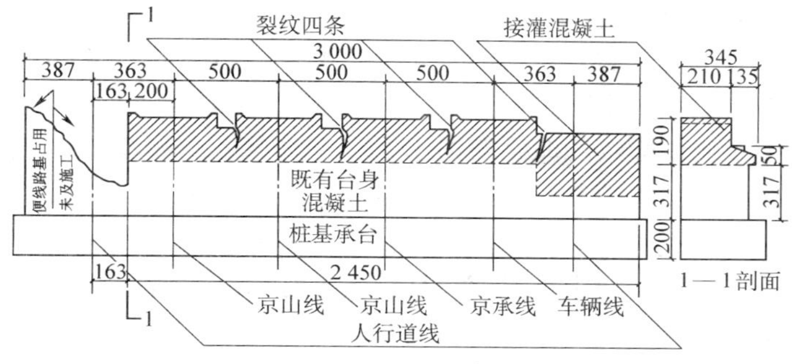

图 17—14 北京站1#桥0#台裂纹分布示意图(cm)

表 17—2。

表 17—2 1#桥部分墩台混凝土灌注与裂纹情况汇总表

施工情况 \ 墩台号		单位	既有墩台			新增墩
			7#墩	0#台	1#墩	
混凝土灌注日期			1965. 12. 27	1966. 01. 08	1966. 01. 11	1966. 01. 27
接灌混凝土截面	长	m	30	24. 5	24. 65	13. 20
	宽		3. 75	3. 45	3. 20	1. 70
	高		2. 81	1. 90	1. 90	1. 90
接灌混凝土最小截面尺寸		m	0. 57	0. 50	0. 60	0. 70
施工工艺条件	作业条件		冬季施工作业			
	灌注情况		接灌	接灌	接灌	连续
混凝土入模温度		℃	27	25	23	16
混凝土最高温升		℃	33. 2	26. 5	28. 8	29. 5
拆模天数		d	6	28	23	8
拆模时环境温差		℃	17	8. 2	10. 2	23
裂纹宽度		mm	1. 0 ~ 1. 5	1. 0	1. 0	
裂纹情况	条数	条	4	4	4	
	间距	m	2. 5 ~ 10	5. 0	2 ~ 5	

（2）裂纹产生的原因

参照水电部《混凝土重力坝设计规范》（SDJ 21—78）（试行）及《水工混凝土施工规范》（SDJ 207—82）的相关规定，对接灌混凝土帽石出现裂纹的原因简述于下：

接灌混凝土的截面形式属于薄而长的带状，三个方向的尺寸差异较大；冬季施工，环境温差较大。采用蓄热法接灌的墩台混凝土，在固化过程中，温度由高到低，逐渐冷却到稳定时，薄而长的带状混凝土浇筑块，由于受到基础老混凝土的牵制作用，使新灌 25 m 长的帽石与既有墩台之间的结合面，不能自由收缩，由此产生制约应力。以 0[#]桥台接灌长 24.5 m、高1.9 m为例，基础的均布温差应力 σ_1 与非均布温差应力 σ_2 合计 $\sigma = 2.5$ MPa，见表 17—3。200 号混凝土极限抗拉强度 $f_t = 1.6$ MPa，从图 17—15 中可以看出，仅当接灌长度 $l = 5.0$ m 时，其应力 $\sigma = 1.057$ MPa $< f_t$，并有 1.5 倍的安全度，且与环裂的实际间距相近。其余各种接灌长度的温差计算值 σ，超出 f_t 较多，造成接灌混凝土帽石产生规律性环状裂缝。

表 17—3　接灌混凝土长度（l）与温差应力（σ）计算结果汇总

项目 \ l(m)	30	25	20	15	10	5	备　注
Y/l	0.063	0.076	0.095	0.127	0.19	0.38	
基础约束系数 R	0.5	0.48	0.45	0.39	0.29	0.11	Y 为接灌混凝土计算高度（1.9 m）
均布温差应力 σ_1	1.48	1.42	1.332	1.154	0.858	0.326	17 ℃
约束系数 A	0.44	0.42	0.39	0.36	0.33	0.28	
非均布温差应力 σ_2	1.149	1.097	1.018	0.940	0.862	0.731	15 ℃
温差应力合计（MPa）$\sigma = \sigma_1 + \sigma_2$	2.629	2.517	2.350	2.094	1.720	1.057	

（3）关于多线桥墩台长度的建议

铁路桥涵设计或施工规范，对于墩台长度似无明确规定，结

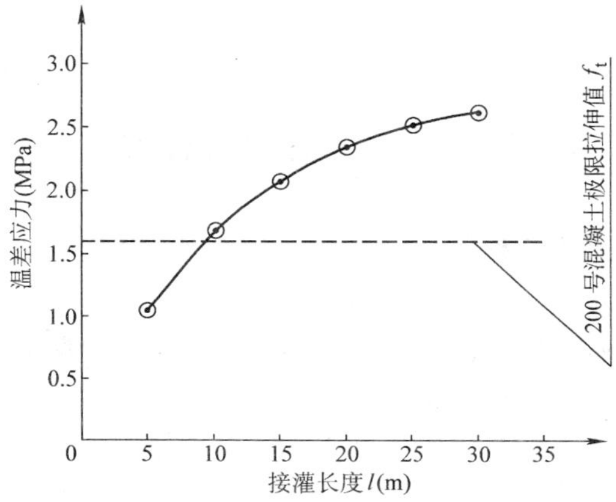

图 17—15　混凝土接灌长度与温差应力曲线

合北京站 1# 桥四线墩台接灌帽石混凝土的开裂建议如下：

① 墩台长度不宜超过 3 条线路，否则应设置结构或构造断缝；

② 在结构不宜设置断缝时，以采用分段灌注混凝土、预留封口段的办法处理；

③ 施工组织设计针对混凝土施工的具体实际，应有温度计算，针对基础的约束条件选择合理的截面形式和灌注工艺，以利控制混凝土温差、消除裂缝。

附录Ⅰ：隐蔽工程检查

一、隐蔽工程检查和检查证

1. 隐蔽工程

隐蔽工程一般泛指工程建设项目施工之后不便于检查的工程部位，如：建筑物的地下基础、基础下的基桩以及钢筋混凝土结构中的钢筋等。而对施工中的工程建设项目，则专指工序转换阶段的某个工程部位所具有的隐蔽工程属性，由于工序转换，上道工序的工程部位被下道工序施工所覆盖、掩埋。例如桥梁施工明挖基础挖至设计高程之后灌注基础圬工之前的基底高程、地基处理以及持力层土质取样的送检结果；桩基础中的桩尖高程、桩长、桩位、桩群重心以及单桩无损检测等，均应在工序转换(基础或承台施工)之前对该部位进行隐蔽前的工程检查，因为它具有隐蔽工程的特殊属性。隐蔽工程检查工作程序如图1所示。

2. 隐蔽工程检查证及其相关内容

工程建设项目按照相关规定，在其隐蔽工程部位隐蔽之前应进行隐蔽工程检查，检查目的在于检验确定被隐蔽部位的各种与质量相关的实际工程资料和技术数据，在确认施工过程中的工序质量受控合格之后方可进行质量放行与工序转换，隐蔽工程检查(简称“隐检”)时应填写隐蔽工程检查证，检查证的内容至少应有以下内容：

（1）隐检部位工程境域、施工工艺、阶段性施工结果等工程技术资料和相关数据，出现的工程意外情况及其施工处理结果。

（2）委外工程的检测数据和结论，如：基础持力层土质名称、地耐力；基桩无损检测结果评定等。其检测数量和取样部位符合设计要求和规程规定(受委托单位应具有相应的资质等级）。

（3）隐检实测的施工数据与设计要求和《验标》规定对比之后，即可对隐检工程质量得出合格与否的结论。

（4）在隐蔽工程自检合格的基础上，要有监理单位与相关单位和部门的检查、确认和签字。

3. 隐蔽工程检查证的备查资料

隐检证中引用的数字和结论，源自隐蔽工程施工原始记录、工程日志，以及送检项目检测结果和数据等，备查资料是隐检证重要的技术依据和支撑，要求备查资料的汇总详实客观、简明扼要。

4. 隐检证的功能

（1）在施工阶段

① 是严格质量过程管控、确保质量结果合格的施工质量记录和质量保证资料的组成部分；

② 是工序转换阶段施工质量放行的技术凭证；

③ 是施工企业管理水平、质量结果的真实反映；

④ 是参建管理人员质量意识、质量行为等管控质量水平的检验和体现。

（2）在建设项目竣工之后

① 是组成工程建设项目的竣工文件，是工程隐蔽部位结构内在质量和组成的技术履历；

② 是建设项目践后总结以及质量备查的技术依据。

由于隐检证的重要功能，在建设项目施工实践中，特别是对于隐蔽的工程部位，应格外认真、严格并及时检测填报，一切务求如实映真，不造假、不主观臆断，一切用数据说话。

二、隐蔽工程检查工作程序(图1)

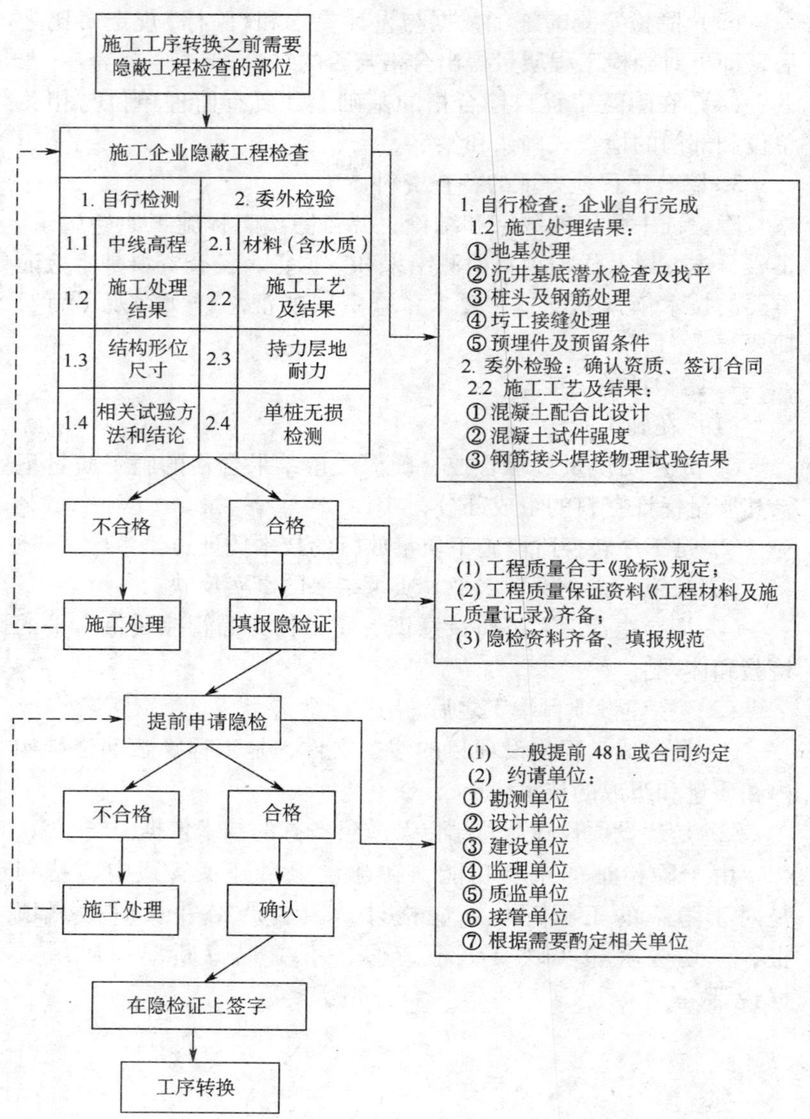

图1　隐蔽工程检查工作程序

三、隐蔽工程检查基本内容和备查资料(详附表)

附表　隐蔽工程检查基本内容与备查资料汇总表

专业编号	资料	检查证														备查资料																						
	序号	1	2	3	4	5	6	7	8	9	10	11	12	13	14	①	②	③	④	⑤	⑥	⑦	⑧	⑨	⑩	⑪	⑫	⑬	⑭	⑮	⑯	⑰	⑱	⑲	⑳	㉑	㉒	㉓
	内容 工程名称	明挖基础坑完成情况	钻孔桩水下混凝土灌前完成情况	挖孔桩灌混凝土前完成情况	桩基承台基坑完成情况	圬工结构预埋件、预留设施	普通钢筋安装情况	预应力梁管道布置情况	模型板安装完成情况	防水层及排水设备安装情况	筑岛沉井刃脚灌混凝土前检查	混凝土结构物接高前检查	沉井水下混凝土封底前检查	铺轨前桥头路基完成情况	钢材涂装情况	持力层地耐力取样试验结果	桩的静载试验结果	沉桩记录	沉桩记录汇总与资料整理	钻孔桩记录	钻孔桩记录汇总与资料整理	挖孔桩记录	挖孔桩记录汇总与资料整理	混凝土及水下混凝土灌注记录	废桩、补桩及处理结果资料	基桩无损检测结果报告	沉井下沉记录	预应力混凝土梁力筋张拉记录	预应力混凝土梁管道压浆记录	桥梁出厂合格证、架梁前检查	支座出厂合格证、架梁前检查	墩台中线、高程竣工资料	路基中线、高程竣工资料	桥头路基碾压及密实度资料	混凝土强度配比设计及试验报告	钢材物理试验报告	防水材料试验报告	混凝土标养及同条件养生强度
3.1	梁式桥跨质控概述																																		△	△	△	△
3.2	明挖基础	▲				▲			▲			▲				△																			△			△
3.3	重力式沉井					▲	▲		▲		▲	▲	▲											△			△								△	△	△	△
3.4	沉入桩				▲	▲	▲										△	△	△					△	△	△									△	△		△
3.5	钻孔桩		▲		▲	▲	▲		▲								△			△	△			△	△	△									△	△		△
3.6	挖孔桩			▲	▲	▲	▲		▲								△					△	△	△	△	△									△	△		△
3.7	桥梁墩台					▲	▲		▲	▲		▲																				△			△	△		△
3.8	桥头路基与锥体	▲								▲				▲																			△	△				
3.9	现场制梁					▲	▲	▲	▲	▲																		△	△	△					△	△	△	△
3.10	在膺架上制梁					▲	▲	▲	▲	▲																		△	△		△				△	△	△	△
3.11	悬臂式桥机架梁																													△	△	△	△	△	△			
3.12	桥梁支座下打砂														▲																							△
3.13	刚架式立交桥顶进	▲				▲	▲		▲	▲		▲																							△	△	△	△

续上表

专业编号	资料	检查证														备查资料																						
	序号	1	2	3	4	5	6	7	8	9	10	11	12	13	14	①	②	③	④	⑤	⑥	⑦	⑧	⑨	⑩	⑪	⑫	⑬	⑭	⑮	⑯	⑰	⑱	⑲	⑳	㉑	㉒	㉓
	内容 / 工程名称	明挖基础坑完成情况	钻孔桩水下混凝土灌前完成情况	挖孔桩灌混凝土前完成情况	桩基承台基坑完成情况	圬工结构预埋件、预留设施	普通钢筋安装情况	预应力梁管道布置情况	模型板安装完成情况	防水层及排水设备安装情况	筑岛沉井刃脚灌混凝土前检查	混凝土结构物接高前检查	沉井水下混凝土封底前检查	铺轨前桥头路基完成情况	钢材涂装情况	持力层地耐力取样试验结果	桩的静载试验结果	沉桩记录	沉桩记录汇总与资料整理	钻孔桩记录	钻孔桩记录汇总与资料整理	挖孔桩记录	挖孔桩记录汇总与资料整理	混凝土及水下混凝土灌注记录	废桩、补桩及处理结果资料	基桩无损检测结果报告	沉井下沉记录	预应力混凝土梁力筋张拉记录	预应力混凝土梁管道压浆记录	桥梁出厂合格证、架梁前检查	支座出厂合格证、架梁前检查	墩台中线、高程竣工资料	路基中线、高程竣工资料	桥头路基碾压及密实度资料	混凝土强度配比设计及试验报告	钢材物理试验报告	防水材料试验报告	混凝土标养及同条件养生强度
3.14	桥梁、墩台预留防水嵌入槽					▲			▲	▲																											△	
3.15	圬工梁人行道														▲																					△	△	
3.16	圬工梁桥上线路																																					
3.17	改、增建二线桥梁					▲																													△	△	△	△
	备注	持力层以下0.5m无地下水	桩径、桩长、桩位正确	护壁安全可靠	含基底处理	避免安装时凿洞	位置、数量、规格正确	力筋坐标准确	刚度、强度符合规定	预留孔、洞、槽	保证施工稳定安全	结构顺直、连接牢固	一般要潜水检查	桥头路基尺寸准确	除锈、涂层、涂料	土质名称、地耐力		地质变化、断桩		与设计地质异同		与设计地质异同		是否一次封成	一般由设计提出	应按规定执行	与设计地质异同	拉力与伸长一致否	防止漏压	按规定办理	按规定办理	准确、及时、映真	准确、及时、映真	符合机械架梁要求	委托有资质单位	委托有资质单位	委托有资质单位	标养试件往往被忽略

附录Ⅱ：核图与纠错能力的自我测试

1. 问题的提出

图 1 为北京枢纽××复线 1～16 m 斜交上跨京包线立交桥的平面设计图。当在竣工的桥梁上铺设轨道时发现，右线台宽的右$_2$欠宽 20 cm、右$_1$则超宽 14 cm，左线台宽左$_1$及左$_2$偏差不大，属正常范围。

（1）通过上述实测的偏差，结合设计图及其原图附注，从宏观定性的视角出发，能否找出问题的原因所在，是施工误差超标偏大或设计的平面布置问题。

（2）右线台宽偏差超标的原因分析简述于后。

（3）图 1 中标注的 ABA_1B_1 以及左$_1$、左$_2$、右$_1$、右$_2$ 等尺寸是专为分析原因而标示，其余均为设计原图。

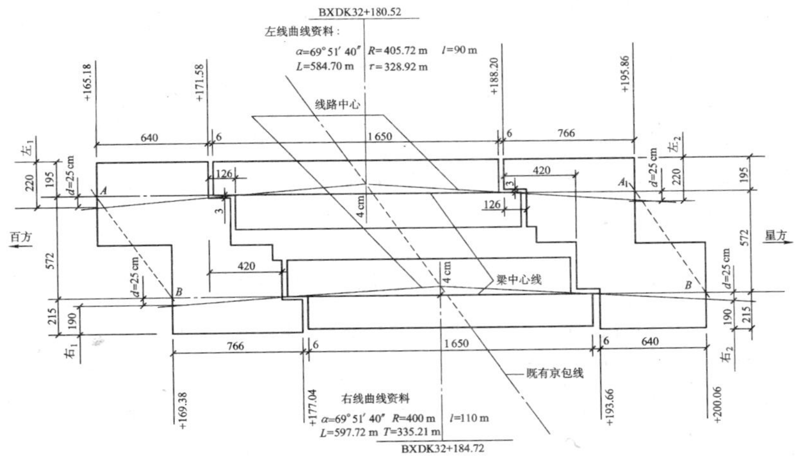

图 1　北京枢纽十字疏解线工程××复线 1～16 m 立交桥平面图

（4）原图附注摘录：

① 本图尺寸以 cm 计(高程、里程除外)。

② 本桥设计荷载为中—活载。

③ 本桥位于 1.0 ‰下坡道及圆曲线上，桥台按直线布置，

线路按平分中矢布置。

⋮

⑥ 本桥桥台及梁上两线外侧均设宽 1.05 m 人行道，……两线间设钢筋混凝土步板。

⋮

⑩ 本桥台尾偏距 d 值为 25 cm，采用右线台顶及台身在曲线内侧加宽 20 cm，顶帽支承垫石位置均指直线办理。

2. 右线台宽偏差超标的简要分析

（1）右线台宽偏差概况

北京枢纽十字疏解线工程，新建 × × 复线，其曲线地段与既有京包线斜交 53°41′56″，其跨越方式设计为 1 ~ 16 m 低高混凝土梁、双线耳墙式桥台的梁式上跨立交桥，其平面布置详图 1。桥梁上、下部结构工程完工后，在铺轨整道时发现：右线星方桥台及台后路基宽度不足，轨道中线对桥梁的偏心超限、装就的人行道欠宽，而右线百方台尾及台后路基又较宽。

通过反复测量后确认：右线星方台右$_2$ 比设计少 20 cm(设计 190 cm,实测 170 cm)，而百方台右$_1$ 比设计多 14 cm(设计 190 cm,实测 204 cm)，左线的左$_1$ 与左$_2$ 分别大于设计 2.0 cm 与 4.0 cm(设计均为 220 cm)如表 1 所示。

表 1　台顶宽与线路中心对照表

项目		双线桥台台宽(cm)			台顶宽与线路中心尺寸(cm)					
		设计	实测	比差	左线中心 ~ 台侧			右线中心 ~ 台侧		
					设计	实测	比差	设计	实测	比差
编号		①	②	③=②-①	④	⑤	⑥=⑤-④	⑦	⑧	⑨=⑧-⑦
桥台名称	百方台	982	979	Δ = -3	左$_1$ = 220	222	Δ 左$_1$ = 2	右$_1$ = 190	204	Δ 右$_1$ = 14
	星方台	982	985	Δ = 3	左$_2$ = 220	224	Δ 左$_2$ = 4	右$_2$ = 190	170	Δ 右$_2$ = -20
偏差率		±0.3 %			0.9 % ~ 1.8 %			7.4 % ~ 10.5 %		

（2）设计情况

新建复线的曲线为同心圆曲线，左线半径 $R=405.72$ m 与既有京包线斜交 53°41′56″、桥中心里程 BXDK32 + 180.52 m，右线桥中心里程 BXDK32 + 184.72 m，左、右线桥中心里程相距 4.2 m。

全桥位于圆曲线 1 ‰下坡，桥台、身、顶帽和支承垫石位置均按直线办理，桥上线路按平分梁跨中矢布置，桥台与梁跨外侧设 1.05 m 人行道，线路中心与桥梁中心在台尾处偏距 $d=25$ cm。

（3）施工放线

施工测量按照设计图以左线为基准，测出交点、交角，定出切线方向和平分中矢线（桥梁中心线）AA_1 如图 1 所示，以 AA_1 为基线按图向曲线内侧支出 5.72 m 定出右线桥的平分中矢线 BB_1，设计图标示两桥台台尾处的桥梁中心的线间距均为 5.72 m，故左、右线的平分中矢线平行。桥台竣工位置和尺寸、线路中心至台侧尺寸等见表 1。

（4）同心圆复线立交桥跨越既有线的两种情况

① 正交跨越：

图 2 为正交跨越，其特征是两座曲线桥的桥中心 g_1 和 g_2 的连线通过同心圆曲线的圆心 O，g_1 和 g_2 点的切线 AA_1 与 BB_1 相

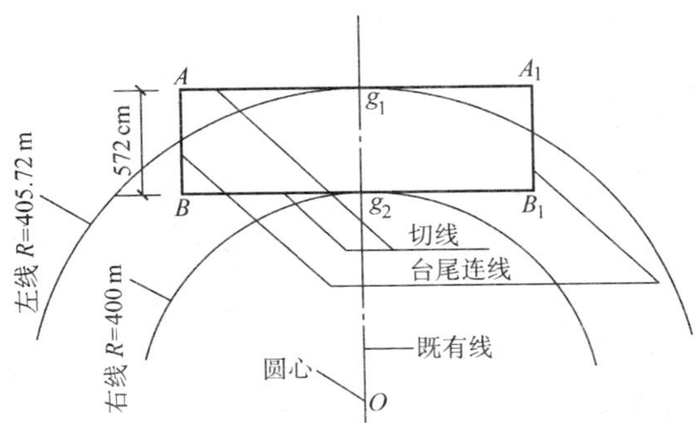

图 2　同心圆复线 $L_ρ=16.0$ m 梁与既有线正交上跨立交桥平面示意图

互平行，切线间距 5. 72 m，左、右线台尾连线也相互平行，图形 AA_1B_1B 为矩形。

② 斜交跨越：

图 3 为斜交跨越，其特征与正交跨越相反，桥中心 g_1 和 g_2 连线不通过同心圆曲线圆心 O，g_1 和 g_2 点的切线 AA_1 与 BB_1 不平行，切线间距并非定值，计算结果分别为 5. 58 ~ 5. 90 m（表 3），其图形 AA_1B_1B 呈不规则的四边形。

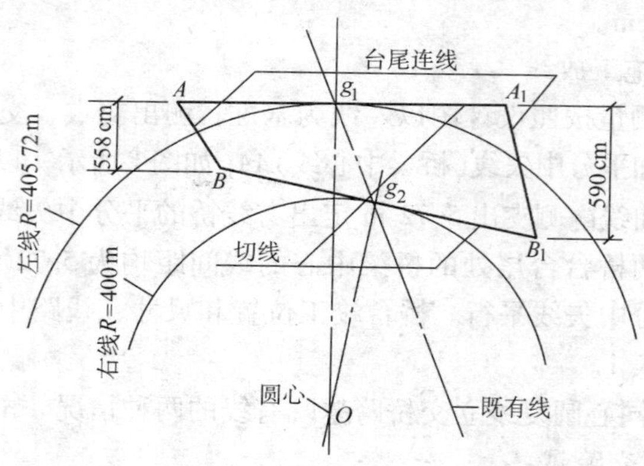

图 3　同心圆复线 L_ρ = 16. 0 m 梁与既有线斜交上跨立交桥平面示意图

（5）台宽偏差超标的原因分析

图 1 中的 AA_1 和 BB_1 均为桥梁中心线（与切线方向平行），两条中心线在台尾处间距均为 5. 72 m，$AA_1 /\!/ BB_1$，两桥台平面尺寸相同且为反对称布置，故台尾连线 $AB /\!/ A_1B_1$，将 AA_1B_1B 连线的图形则为平行四边形。图 1 与图 3 均属同心圆曲线斜交上跨既有线的立交桥，前者为平行四边形，后者为不规则四边形，两者相悖，从两个四边形直观、定性的角度判断，图 3 不规则四边形更接近于该桥竣工后的实测结果，即右线的星方台欠宽而百方桥台的宽度有余。

图 1 斜交上跨立交桥的 AA_1B_1B 之所以呈平行四边形，在于

左线桥按切线方向布置桥台和梁跨，而右线则不应与其切线平行。复线、同心圆曲线斜交与正交上跨立交桥的两个闭合四边形，其本质差别在于两桥的切线布置：前者（斜交）两桥切线无限延长可以相交，而后者（正交）平行；前者切线间距变化，后者恒定；前者切线与台尾连线为不规则四边形 AA_1B_1B，而后者则为矩形 AA_1B_1B（图 3、图 2），这是造成图 1 右线台宽 Δ 右$_1$ 及 Δ 右$_2$实测值偏差超标的原因（表 1）。

① 梁跨矢度与台尾偏距的检算值与设计对比如表 2 所示。

表 2　梁跨矢度与台尾偏距的检算值与设计值对比

项目 / 名称	设计（cm）			检算（cm）			注
	百方台 d	梁跨中 $f/2$	星方台 d	百方台 d	梁跨中 $f/2$	星方台 d	
左线桥	25	4	25	24.8	4.2	24.8	$R=405.72$ m
右线桥	25	4	25	25.7	4.3	25.7	$R=400$ m

② 两桥切线间距与台宽的检算值、实测值和设计值汇总如表 3 所示。

表 3　两桥切线间距与台宽的检算值、实测值和设计值汇总

项目 / 部位	切线间距（cm）				右线台尾侧～线路中心（cm）			注
	设计	检算	实测	比差	设计	实测	比差	
编号	①	②		③＝②－①	④	⑤	⑥＝⑤－④	⑦
百方台背处	572	558	558	－14	右$_1$＝190	204	Δ 右$_1$＝14	切线检算值与实测值两者基本一致
桥中心	572	574		2				
星方台背处	572	590	592	18	右$_2$＝190	170	Δ 右$_2$＝－20	

由表 3 可以看出，本桥切线间距检算值与实测值基本一致，且与设计的偏差量值相近。因为在台宽一定的条件下，由于切线间距的变化，势必引起线路中心至台尾侧面尺寸的变化，其因果关系体现在本桥右线切线间距在百方台背处检算值小于设计 14 cm、星方台背处检算值大于设计 18 cm，此结果正与实测值

Δ右$_1$ = 14 cm、Δ右$_2$ = −20 cm 相对应。

综上，右线台宽偏差超标的原因在于右线未按切线方向布置桥台和梁跨，这是测量放线时以左线为基准的结果，反之如果以右线为基准测量放线，则问题同样会在左线出现。

参考文献

[1] 中铁三局集团有限公司. 铁路桥涵工程施工质量验收标准(TB 10415—2003). 北京：中国铁道出版社，2004.

[2] 铁道部第三工程局，铁道部大桥工程局. 铁路桥涵工程质量检验评定标准(TB 10415—98). 北京：中国铁道出版社，1998.

[3] 中华人民共和国铁道部. 铁路特大桥工程质量评定验收标准(TBJ 416—87). 北京：中国铁道出版社，1987.

[4] 铁道部经济规划研究院. 客货共线铁路桥涵工程施工技术指南(TZ 203—2008). 北京：中国铁道出版社，2008.

[5] 铁道部第三工程局. 铁路桥涵施工规范(TBJ 203—96). 北京：中国铁道出版社，1996.

[6] 中华人民共和国铁道部. 铁路桥涵设计基本规范(TB 10002.1—2005). 北京：中国铁道出版社，2008.

[7] 铁道第三勘察设计院. 铁路桥涵混凝土和砌体结构设计规范(TBJ 10002.4—2005). 北京：中国铁道出版社，2008.

[8] 中华人民共和国铁道部. 铁路混凝土与砌体工程施工规范(TB 10210—2001). 北京：中国铁道出版社，2001.

[9] 中华人民共和国铁道部. 铁路桥涵地基和基础设计规范(TB 10002.5—2005). 北京：中国铁道出版社，2007.

[10] 中华人民共和国铁道部. 铁路工程基桩检测技术规程(TB 10218—2008). 北京：中国铁道出版社，2008.

[11] 中国铁道出版社. 铁路架桥机架梁暂行规定(铁建设〔2006〕181号). 北京：中国铁道出版社，2006.

[12] 铁道部第三工程局. 铁路架桥机架梁规程(TB 10213—99). 北京：中国铁道出版社，2000.

[13] 铁道部经济规划研究院. 客运专线铁路桥涵工程施工技术指南(TZ 213—2005). 北京：中国铁道出版社，2005.

[14] 中国铁道出版社. 客运专线铁路桥涵工程施工质量验收暂行标准(铁建设〔2005〕160号). 北京：中国铁道出版社，2005.

[15] 中铁工程设计咨询集团有限公司. 铁路桥涵钢筋混凝土和预应力混凝土结构设计规范(TB 10002.3—2005). 北京：中国铁道出版社，2005.

[16] 中华人民共和国铁道部．铁路轨道工程施工质量验收标准（TB 10413—2003）．北京：中国铁道出版社，2004．
[17] 北京铁路局．顶进式框架立交桥设计、施工的若干规定（北京铁路局京铁师〔1993〕491号）．北京：北京铁路局，1993．
[18] 潘家铮．混凝土坝的温度控制计算．上海：上海科学出版社，1996．
[19] 中华人民共和国水利电力部．水工混凝土施工规范（SDJ 207—82）．北京：水利电力出版社，1982．
[20] 中华人民共和国水利电力部．混凝土重力坝设计规范（SDJ 21—78）（试行）．北京：水利电力出版社，1979．
[21] 房学先．胜利型130架桥机在双线窄墩上整孔架设16 m圬工梁的体会．铁道标准设计，1992（02）：4．
[22] 房学先．铁路桥涵施工质量失误11例．铁道标准设计，1992（07）：36．
[23] 房学先．复线、圆曲线斜交跨越既有线的梁式立交桥平面布置．铁道标准设计，1993（12）：25．
[24] 房学先．在膺架上分期预制箱梁的底板变形控制．铁道标准设计，1994（10）：27．
[25] 房学先．墩台接灌混凝土的竖向开裂与基础温差控制．铁道标准设计，1995（11）：17．
[26] 房学先．顶进式框架桥构造长度的探讨．铁道标准设计，1997(5)：14．

后　记

施工质量的过程控制（下称“质控”），是在北京铁路局基建系统“八·五”末期三年会战开展“治通病、抓样板、创全优、上水平”质量活动启迪之下酝酿已久的经验总结。特别是在铁路建设和谐发展、开始步入高铁时代的今天，有幸把以往施工质量成败得失等资料整理出来，献给当今从业者参考，是笔者作为曾经的铁路建设一员的由衷心愿。书中提出的问题所及都很平常，但也正因为它的平常，所以出现的机率就多，从这个意义上理解它又显得重要。尽管在某些情况下不一定解渴、管用，但出于一个过来者的职业习惯，还是想再絮叨絮叨。

“质控”内容多为上世纪 60～80 年代施工质量具体案例的教训或经验，重提这些是为当今的建设者提供一个历史阶段中某个局部的施工质量的回眸，让以往的质量失误或教训真的成为历史永不再现，也让曾经的质量成功或经验，与时俱进。

“质控”的草成，首先要感谢北京铁路局、北京工程处、北京工程段、北京工程二段以及工程队的各级领导者，是他们的信任和帮助给予我在施工队一线二十多年实践锻炼的机缘。其间特别要感谢工程队的工人师傅们，是他们的口传身教诠释了什么是施工质量，什么是不给用户留下任何质量瑕疵和隐患的质量意识。

为消除架梁中的“三条腿”，王增广、王绪芝和田文彬同志，坚持架梁后的梁位微调整细，而后再行支座打砂，确保支座与垫石“密贴、无间隙”，彻底消除了运营阶段支座周围积水的桥梁病害；为解决沉井水下混凝土封底漏水、失败的困扰，李凤梧、韩宝珍等同志多次外出取经，结合沉井实际反复讨论试验，最终找到失败的原因——“储灰量不足”，终使困扰多时的难题得以破解；在悬臂式桥机架梁等高危作业中，为什么安全第一、什么是安全或不安全境域，装吊工徐良臣、张风祥根据具体的事故教训，多次告诫我们：最不安全的地段是桥机吊梁走行时的两侧以及起吊之后悬空梁片的左右，而机前与梁端之间的有限空档则属相对安全区。在焦枝线首次接触机械架梁过程中，笔者曾被三局桥机长硬是从梁片两侧强行拽走，与其一道手扶梁端跟随桥机吹哨前行，并语重心长地讲授机架中的安全防范与自我保护，感受到一位长者对后生的关爱，当时甚至连姓名都没来的及问。在封锁线路要点慢行的顶桥施工中，是一线工人和技术人员在总结历次顶桥晚点延期乃至中断行车等事故教训之后，最先提出框架式立交桥顶进施工，设置整体式钢筋混凝土前刃角和后尾墙等构造设施的建议。凡此种种经过实践验证的真知灼见，让我终身受益。

“质控”的草成得益于同仁之间的技术交流和互动融合，特别是在国内首座采用集中强大钢丝束预应力连续梁——北京枢纽通惠河桥的施工中，当时为解决 75 MPa 高压胶管接头的难题，徐萃英前辈组织设备配套，机修所张立泉同志负责设计、加工和组装，终使接头压力过关，满足了设计的张拉吨位；马江河负责超静定膺架的结构设计、公差挠度计算和加载试验，保证了梁跨下缘抛物线线形与设计吻合；张大英针对梁跨混凝土终凝后二次或多次重复震动，设计了影响强度的模拟试验，试验的结论是具有增强效果却无负面影响；张跃先根据冬季施工设计的模板、混凝土蓄热法温控计算并亲自测温监控，保证了梁跨混凝土的设计强度。以上同仁技术上擅思与求证的结论已多为书中引用。

“质控”资料的累积还得益于魏嘉祥、何锦桓两位工程前辈在笔者刚参加工作时的精心点拔，教我在工程队如何着眼于日常以及施工技术工作中的平常，在日常中注意积累，在平常中领悟施工质量常识的要点和关键。

“质控”的起草动笔，深受北京铁路局原基建系统两位局领导冯振九、王炳宗质量意识和质量行为的影响，是他们组织专业人员结合工程实际质量写实，先后在《铁道标准设计》上出版《建筑工程施工质量通病预防对策》和《铁路房建工程设计质量通病预防对策》专辑，并亲自编撰北京铁路局《顶进式框架立交桥设计、施工的若干规定》以及《铁路工程质量监督要点手册》。正是在北京铁路局基建系统这样的环境之下，让笔者把工程队历年积淀的零散素材和工作往事又重新整理出来。

上世纪70年代在北京枢纽通惠河桥连续梁、津浦线天津子牙河桥40m箱型横向分块串联梁的科学实验中，铁道科学研究院程庆国院士、张澍曾研究员，西南交通大学车惠民教授、钱冬生前辈，丰台桥梁厂钱树青、王玉庭总工并郭可谭前辈以及北京铁路局基建前辈王祖澄、设计院高级工程师望树岑等，是他们为验证连续梁结构的可靠性、施工工艺的可行性，先后做了微粒混凝土梁跨的局部缩微0模型结构试验、开通前梁跨的动载试验，从理论上超前对工艺难点排疑解惑导出实用公式，也是他们为混凝土的预应力施工技术培训人员、提供实际演练和培训基地，直至派员到场进行管道压浆的实际操作。而在新技术受阻、碰壁之际，更有工程处党委书记的关怀和理解，他说："你大胆招呼(干)，干成了算你的，干砸了记我的账。"凡此种种都为新科技在建设项目上首次应用并获得成功，起到了极其关键的作用。由于篇幅所限，以上所述由于年代较远、难免挂一漏万，敬恳鉴谅。

"质控"的草成，非个人能力之所及，而是整个参建群体汗水和智慧的集合，着笔之处无不渗透着工人劳作的质量技巧、技术同仁之间的质量交流与互动、工程前辈质量经典案例的潜心讲授以及科研院所专家和高校老师们超前的工程试验与理论指导。没有参建群体当年竭尽全力的团结协作，没有他们尽其所能的职业奉献，就没有"质控"的草成。

"质控"的具体案例大多源自施工实践，使其再度回归实践接受再检验，将是"质控"最佳的理想归宿，也是执笔者絜叨半天的初衷。

“质控”最后成书的图文、照片等编辑加工，阐述主题层次的调整(工程分章、章内分节、节的标题与质量循环位阶的内涵相扣)，得到了责任编辑及其助理的帮助指导，在此表示衷心谢意。

房学先

2010 年元月于北京